KB154371

공부의 신 마르크스,
돈을 연구하다

『**자본**』을 쓴 경제학자 **마르크스** 이야기

공부의 신 마르크스, 돈을 연구하다

강신준 글 김고은 그림

나무를 심는 사람들

진리를 실현하는 방법을 찾아낸 사람

세상은 끊임없이 변합니다. 오늘은 언제나 내일과 다르고 내일과 똑같은 모레는 결코 존재하지 않습니다. 그러나 이처럼 피할 수 없는 변화 속에서도 변하지 않는 것이 있습니다. 그것을 우리는 진리라고 부릅니다. 그리고 이런 진리를 정신으로 남긴 사람을 우리는 위인이라고 부르지요. 이들 위인은 육신이 죽어서 사라지더라도 그 정신은 우리의 기억에 변함없이 그대로 남아 있습니다. 예수님이나 부처님 같은 분들이 바로 그러합니다.

마르크스도 이런 위인 가운데 한 사람입니다. 그가 남긴 정신이 오랜 세월이 흐른 지금도 우리에게 여전히 생명력을 가지고 있기 때문입니다. 마르크스가 우리에게 남긴 정신은 경제와 관련된 것입니다. 그

진리는 우리가 누리는 모든 부가 사람의 노동에 의해 만들어진 것이고 따라서 열심히 일하는 사람은 그만큼의 부를 누릴 수 있어야 한다는 것입니다.

마르크스가 오늘날 우리에게 중요한 위인인 까닭은 너무나 당연해 보이는 이 진리가 우리가 살고 있는 세상에서 통하지 않고 있기 때문입니다. 오늘날 힘들고 많은 일을 하는 사람들일수록 더욱 가난하고, 흔히 나오는 드라마의 주인공처럼 평일에도 한가롭게 노는 사람이 오히려 더욱 많은 부를 누리는 것을 볼 수 있습니다. 그래서 개미처럼 열심히 일하면 부자가 되고 베짱이처럼 게으름을 피우면 가난해진다는 우화는 이제 비웃음거리가 되고 말았습니다.

마르크스는 이처럼 진리가 뒤집어진 세상을 바로잡는 방법, 즉 노동하는 사람이 부를 누려야 한다는 진리를 실현하는 방법을 찾아낸 사람입니다. 실제로 그가 말한 것을 믿고 그대로 실천한 북유럽 여러 나라에서는 이 진리가 상당 부분 실현되었습니다. 우리가 흔히 복지 국가의 대명사로 손꼽는 나라들입니다. 진리는 마치 연못에 바람이 불어 물결이 일더라도 결국은 잔잔한 수면으로 돌아가는 것과 같이 반드시 이루어지고 맙니다. 마르크스의 진리도 그렇게 실현되고 있습니다.

'진리를 향한 용기', 마르크스가 존경한 철학자 헤겔이 한 말입니다. 진리가 외면당하고 있는 오늘, 여러분이 그것을 용기 있게 실천할 수 있도록 이 책이 조금이라도 보탬이 될 수 있기를 간절히 빕니다.

2014년 11월 2일 강신준

차례

마르크스

가파르고 험한 길을 힘들여 기어 올라가는 노고를

두려워하지 않는 사람만이 빛나는 정상에 도달할 수 있다.

— 『자본』 프랑스 어 판 서문 중에서

1장

인류에게 가장 큰 영향을 끼친 사람은?

마르크스는 왜 중요한 사람으로 기억될까?

"두려운 것은 죽는 것이 아니라 잊혀지는 것이다!"

이탈리아 북부 알프스 기슭에 자리한 토리노의 축구 박물관에 가면 만날 수 있는 문구입니다. 1949년 5월 4일 당시 이탈리아 최강 팀이던 토리노 축구팀이 비행기 사고로 모두 사망하는 끔찍한 비극이 발생하였고, 이 비극에 토리노 시민들이 대처한 방식이었습니다. 박물관을 짓고 이 구절을 새겨 놓은 것이지요. 우리나라에서도 이와 비슷한 비극이 발생하였습니다. 2014년 4월 16일 인천에서 제주도로 수학여행을 가는 학생들을 가득 태운 여객

선이 침몰한 것이었어요. 하루아침에 사랑하는 자녀를 잃은 부모님과 가족들이 감당하기 어려운 슬픔과 함께 가장 두려워한 것도 이들 희생자들의 죽음이 '잊혀지는 것'이었습니다.

우리는 모두 죽음을 두려워합니다. 그러나 두려워한다고 해서 죽음을 피할 수 있는 사람은 아무도 없습니다. 사실 죽음에 대한 두려움의 정체는 죽음 그 자체가 아니라 죽음 뒤에 남은 사람들이 자신을 '잊어버리는 것'입니다. 이집트의 왕 파라오가 피라미드를 건설하고 중국의 진시황이 병마용을 만들었던 것은 모두 죽음 뒤에도 현세의 기억을 이어 가고자 한 것이었습니다. 잊혀지지 않으려 했던 것이지요. 그런데 정작 오늘날 우리의 기억 속에 파라오와 진시황은 무엇을 남기고 있나요? 아무것도 없습니다. 그들은 잊혀졌고 단지 그들이 남긴 돌덩이와 진흙덩이가 우리의 호기심을 채우고 있을 뿐이지요. 세월이 좀 더 흘러 이들 돌과 진흙마저 사라지면 그나마 호기심도 함께 사라질 것이 분명합니다.

그러나 이들처럼 호사스런 무덤을 전혀 남기지 않았음에도 불구하고 우리가 뚜렷하게 기억하는 사람들이 있습니다. 위에서 말한 토리노의 축구 선수들도 그들 가운데 하나일 수 있지만 자신이 살던 도시를 넘어 다른 종족에게까지, 즉 인류 모두에게 기억을 남긴 사람들이 있습니다. 이런 사람들을 우리는 위인이라고 합니다. 아마 부처님이나 공자님 혹은 예수님이 가장 대표적인 분들이라고 할 수 있겠지요. 그런데 이분들처럼 오래전의 사람들 말고 최근에 우리의 기억에서 가장 큰 비중을 차지하는 사람으로는 어떤 사람들이 있는지 궁금하지 않나요?

1999년 세계적인 명성을 가진 영국의 공영 방송 BBC에서 바로 이 궁금증을 풀기 위한 여론 조사를 실시하였습니다. 연도가 마침 1000년대에서 2000년대로 넘어가는 것을 기회로 삼은 것이었지요. "지난 천 년 동안 인류에게 가장 중요한 영향을 미친 사람이 누구인가?"라는 질문이었는데 이 조사에서 1등으로 꼽힌 사람이 제가 이제부터 소개하려는 카를 마르크스였답니다. 게다가 2013년 6월 우리나라 광주에서는 유네스코의 한 회의가 열렸는데 여기에서 마르크스의 원고 가운데 두 개가 '세계 기록 유산'으로 선정되었습니다. 마르크스가 오늘날 세계적으로 얼마나 중요한 사람인지 알려 주는 증거들이라고 할 수 있겠습니다.

도대체 마르크스는 우리에게 어떤 기억을 남겨 주었기에 이처럼 중요한 사람으로 손꼽힐까요? 마르크스는 파라오나 진시황처럼 특이한 건축물을 남긴 사람도 아니고, 스포츠나

예능에서 뛰어난 재능을 보인 사람도 아니며, 크게 출세하여 높은 지위에 오른 사람이 아닌 것은 물론 돈을 엄청나게 번 사람은 더더욱 아니었습니다. 평생 제대로 된 직업이나 지위를 가진 적이 없었고 가난 때문에 자식을 셋이나 잃은 무능한 아버지였답니다. 한마디로 오늘날 우리의 세속적인 기준에서 보면 별 볼 일 없는 사람이었던 것이지요. 그런데 이런 사람이 왜 그처럼 중요한 사람으로 기억될까요?

한 가지 힌트가 있습니다. 마르크스가 남긴 글이 '세계 기록 유산'으로 지정되었다는 것이지요. 즉 그가 오늘날 중요하게 기억되는 까닭은 그의 글 때문입니다. 그렇다면 그의

글에는 무슨 내용이 담겨 있을까요? 그리고 그것이 왜 그토록 중요할까요? 앞서 제가 말한 우리나라의 여객선(배 이름이 '세월호'였지요.) 침몰 사건은 인류가 마르크스를 기억해야 할 의미와 깊은 관련이 있답니다. 미리 길잡이 삼아 귀띔을 해 드리자면 그것은 '인간의 의지'와 관련된 것이랍니다. '하기 싫은 것을 거부하고, 하고 싶은 것을 하는' 바로 그것을 말합니다.

의지를 빼앗긴 학생들

세월호 침몰 사건은 우리나라 국민 모두에게 큰 슬픔을 안겨 주었습니다. 무엇보다도 충분히 살아 나올 수 있었던 사람들이, 그것도 꽃다운 나이의 고등학생들이 한꺼번에 목숨을 잃었기 때문입니다. 사고가 일어나고 나서 많은 문제들이 드러났습니다. 각종 규정과 법을 어긴 배의 개조에서부터 이런 불법 과정을 승인하고 묵인해 준 공공 기관들의 비리에다, 막상 사고가 발생했을 당시 선장과 선원들의 무책임한 행동과 긴급 상황에서 올바른 대처를 하지 못한 정부의 구조 활동에 이르기까지 말입니다. 그런데 이들 문제는 모두 사고에서 희생된 당사자들의 외부에서 벌어진 일들입니다. 희생된 사람들이 직접 해결할 수 있는 문제는 아니었습니다.

이 사건에서 가장 안타까운 부분은 희생자의 대부분을 차지하는 학생들이 배가 이미 기울고 물이 차오르기 시작하고 있을 때에도 "가만히 있어라!"라는 선내 방송만을 믿고 탈출할 생각을 하지 못했다는 사실입니다. 일부 언론에서는 학생들이 '착해서' 그렇게 행동한 것이라고 설명했습니다. 물론 그것은 분명한 사실입니다. 그러나 그것이 전부는 아닙니다. 왜냐하면

하기 싫은 것을 거부하고,
하고 싶은 것을 하라!

학생들이 이처럼 '착한' 행동을 한 데에는 더 깊은 원인이 숨겨져 있기 때문입니다. 바로 학생들에게 '착하다'라고 가르친 것이 '자신들의 의지'를 행사하지 못하도록 했다는 점입니다. 그래서 자신의 목숨이 위협받는 가장 중요한 순간에 학생들은 가르침을 받은 그대로 '자신들의 의지'를 행사하지 않았습니다.

실제로 학생들의 휴대폰에 남겨진 증거에 따르면 상황이 위험해지기 시작하자 학생들 사이에서 탈출해야 하지 않느냐는 의견들이 나오기 시작합니다. 그것은 위험한 상황에 대한 학생들의 자발적인 판단과 의지의 결과 당연한 일입니다. 그러나 이 결정적인 순간에 학생들은 자신의 의지를 발휘하지 못했습니다. 여러분, 이 안타까운 사건에서 우리가 주목해야 할 부분은 바로 이 점입니다. 애초 이 사건의 원인을 제공한 선박 회사와 정부 기관 등 외부의 관련자들은 모두 자신들의 이익을 위해 의도적으로 불법과 잘못을 저질렀다고 알려졌습니다. 모두 '자신들의 의지'를 실행한 것입니다. 그런데 이들의 '의지' 때문에 희생당한 학생들은 정작 '자신들의 의지'를 행사하지 못했습니다.

이 사건에는 우리 사회의 중요한 단면이 숨겨져 있습니다. '자신의 의지'를 행사하는 사람과 그것을 행사하지 못하는 두 종류의 사람이 있다는 사실 말입니다. 물론 모든 사람은 태어날 때 자신의 의지를 가지고 태어납니다. 그것은 마치 씨앗에서 싹이 트고 나무에서 열매가 열리는 것처럼 자연적으로 우리에게 주어진 것입니다. 그런데 이처럼 자연스러운 의지를 행사하지 못하는 것은 오랜 기간 동안 그렇게 훈련받아 왔기 때문입니다. 학생들에게 '착한 것'을 가르치는 바로 그런 훈련 말입니다. 이런 훈련이 어떤 것인지를 증언해 주는 또 하나의 사례가 있습니다.

2010년 3월 10일 고려대학교 경영학과 3학년에 재학 중이던 김예슬 씨가 "오늘 나는 대학을 그만둔다. 아니, 거부한다!"라는 대자보를 붙이고, 학교를 자퇴하였습니다. 여러분은 지금까지 주변 사람들로부터 "열심히 공부하라!"는 얘기를 무수히 들어 왔을 것입니다. 그렇게 열심히 공부해서 무엇을 하라는 것일까요? 좋은 대학, 좋은 학과에 들어가라는 얘기가 아닌가요? 그런데 고려대학교 경영학과가 바로 그런 곳이 아닙니까?

아이고, 말도 잘 듣고
착하기도 하지.
착하게
자라라!
착하게!
말잘 듣고!
...

누구 말이지?
쟤? 나?
누구 말이지?
나? 쟤?

소위 스카이 대학이라는 명문대인 데다가 대학의 꽃이라는 경영학과가 아닙니까? 바로 그곳에 들어간 학생이 자퇴를 한 것입니다. 무엇이 문제였을까요?

김예슬 씨는 이렇게 고백합니다. "스무 살이 되어서도 내가 뭘 하고 싶은지 모르고, 꿈을 찾는 게 꿈이어서 억울하다." 이 말 속에 모든 것이 들어 있습니다. 공부를 열심히 하는 것은 좋은 대학, 좋은 학과에 들어가기 위한 것이고 그것은 결국 좋은 곳에 취직하기 위해서입니다. 그런데 그렇게 되기 위해서는 '자신이 하고 싶은 것'을 가까이 해서는 안 됩니다. 그래서 우리 청소년들은 '자신이 무엇을 하고 싶은지' 모르는 경우가 태반입니다. 그런 생각을 하지 말도록 훈련받아 왔기 때문입니다. 그렇게 해야만 공부를 잘하고 그렇게 해야만 좋은 곳에 취직할 수 있다는 것이지요. 세월호에서 안타까운 죽음을 맞이했던 학생들이 '착했던' 까닭이 바로 여기에 있습니다. '자신의 의지'를 빼앗긴 것입니다.

사실 이것은 비단 학생들만의 문제가 아니라는 것을 우리는 금방 짐작할 수 있습니다. '자신의 의지'를 버려야 하는 것이 취직을 위한 것이라면 졸업 후 어른의 세계도 역시 그러하고 평생을 취직에 의지해야 하는 사람은 평생 그렇게 살아야 할 것입니다. 그래서 세월호의 비극은 우연히 한 여객선에서 생긴 일이 아니라 이미 우리 사회 전체의 문제라는 것을 우리는 알게 됩니다. 마르크스가 지난 1,000년 동안 가장 중요한 사람으로 손꼽힌 까닭이 바로 여기에 있습니다. 마르크스는 당시 자신이 살던 사회 내에서 의지를 행사하는 사람과 행사하지 못하는 두 부류의 사람이 있다는 것을 밝혔고, 자신의 의지를 빼앗긴 후자의 사람들에게 그것을 되찾는 방법을 자신의 글을 통해 알려 주었습니다.

여기에서 한 가지 의문이 떠오릅니다. 마르크스가 남긴 글들은 지금으로부터 약 150년 전의 것입니다. 그런데 우리 사회는 마르크스가 얘기했던 모습을 그대로 가지고 있습니다. 대부분의 사람들이 자신의 의지를 빼앗긴 채 살아가고 있으니까요. 그렇다면 그의 얘기는 공염불이 아닐까요? 150년이 지나도 실현될 수 없는 얘기 말입니다. 그러나 마르크스의 얘기가 공염불일 뿐이라면 그렇게 중요한 사람으로 기억될 리가 없지요. 이 의문은 여러분이 마르크스를 예수님이나 부처님만큼 익히 들어서 아는 사람인지의 여부를 통해 짐작할 수 있습니다. 별로 들어 본 적이 없지요? 아마 지금 처음 들어 보는 경우도 많을 것입니다. 지난 1,000년 동안 인류에게 가장 중요한 사람으로 손꼽힌 사람인데도 말입니다.

우리 사회에서 마르크스가 알려진 지는 겨우 20여 년밖에 되지 않는답니다. 당연히 그의 얘기가 실현될 수 있는 시간이 없었지요. 그래서 우리는 세월호 사건이나 김예슬 씨의 선언에서 보듯이 마르크스가 살던 시기와 별반 다르지 않은 사회에서 살고 있습니다. 바로 그렇기 때문에 더더욱 지금이라도 여러분에게 마르크스를 소개할 필요가 있지요. 마르크스가 우리 사회에 이처럼 늦게 소개된 까닭은 쉽게 알 수 있습니다. 세월호 사건에서 보듯이 의지를 행사한 사람들은 의지를 행사하지 못한 사람들의 희생을 이용하여 자신의 이익을 챙겼습니다. 이 사람들이 마르크스가 소개되는 것을 막은 것이지요. 희생된 사람들이 자신들의 의지를 행사하면 이들이 이익을 챙길 수 있는 가능성은 그만큼 줄어들 테니까요.

마르크스의 꿈

한편 마르크스의 얘기가 공염불이 아니라는 것과 우리가 지금이라도 마르크스의 글에 담긴 교훈을 얻어야 할 필요성은 마르크스

얜 의사 되겠대요.
하하하.
전 커서
자동차 수리
흡…
치과 의사?
저걸로 이를 뽑으려고?

가 살았던 유럽을 보면 알 수 있습니다. 사실 150년 전의 유럽은 세월호의 비극을 겪고 있는 지금의 우리 사회와는 비교도 할 수 없을 만큼 훨씬 더 많은 사람들이 자신의 의지를 빼앗긴 채로 가난과 힘든 노동 속에서 희생당하고 있었습니다. 그런데 지금의 유럽은 어떤 사회인가요? 여러분과 직접 관련된 학교 얘기만 하나 해 볼까요?

우리나라의 학교 교육은 과도한 입시 경쟁과 학생들의 자율성을 억압하는 것으로 악명이 높습니다. 성적 순위 때문에 공부를 아주 잘하는 학생들조차도 스스로 목숨을 끊고(중고등학교는 물론 수재들만 모이는 카이스트에서도 학생들의 연이은 자살 때문에 사회적 물의가 크게 빚어지기도 하였지요.) 입시 과목과 무관한 분야에 재능을 가진 학생들은 학교에서 버림받기 일쑤이지요. 그래서 우리나라 학생들에게 학교는 '가기 싫은 장소'가 되어 버렸습니다. 이와 대비시켜 자주 얘기되는 모범 사례가 핀란드나 스웨덴 같은 유럽 국가들입니다. 이들 사례에서 하나같이 강조되는 것은 여기서는 아이들이 학교를 '가고 싶은 장소'로 여기고 있다는 점입니다.

학교가 '가고 싶은 장소'와 '가기 싫은 장소'로 대비되는 이 교육의 차이가 무엇일까요? 앞서 우리는 '하고 싶은 것을 하고 하기 싫은 것을 하지 않는 것'을 의지라고 말했지요? 우리나라와 핀란드의 교육의 차이는 바로 여기에 있습니다. '자신의 의지'를 억누르는 교육과 '자신의 의지'를 부추기는 교육이 그것입니다. 핀란드에서는 학교에서 학생들을 서로 비교하여 석차를 내는 성적이란 것이 아예 존재하지 않고, 학생 개개인이 스스로 자신의 능력을 키워 나가는 성취도를 교육의 기준으로 삼는 것으로 잘 알려져 있습니다. 학생의 의지를 억누르는 것이 아니라 장려하는 것이 교육의 기본 방향입니다. 그런데 핀란드가 처음부터 이처럼 '자신의 의지'를 부추기는 교육을 하던 나라였을까요? 아닙니다. 거기에서도 원래는 '자신의 의지'를 꺾는 교육이 지배적이었습니다.

그것을 바꾼 것은 핀란드의 사회 민주당이라는 정당이었고 이 정당은 원래 마르크스의 가르침을 추종하면서 만들어진 정당입니다. 핀란드 사회 민주당은 20세기 들어 수십 년 동안 집권하였고 집권 기간 동안 마르크스의 가르침을 꾸준히 실천하여 그 결과 '자신의 의지'를 실현할 수 있도록 가르치는 교육을 정착시켰습니다. 유럽에는 핀란드뿐 아니라 스웨덴이나 덴마크, 독일 등의 나라에도 마르크스의 가르침을 실천하려는 사회 민주당이 있습니다. 이들 나라에서도 사회 민주당은 상당 기간 집권의 기회를 가졌으며 이를 통해 핀란드와 마찬가지로 학교를 학생들이 '가고 싶어 하는 장소'로 만들었습니다. 학생들에게 '자신의 의지'를 실행하도록 가르치는 교육 덕분이지요.

이들 나라에서 마르크스가 남긴 글은 공염불이 아니라 현실로 되었습니다. 마르크스가 지난 1,000년 동안 가장 중요한 사람으로 기억되는 까닭은, 그리고 그의 글이 '세계 기록 유산'으로 지정된 것도 모두 그 때문입니다, 그는 '자신의 의지'를 빼앗는 사회로부터 그 의지를 되찾아오는 방법을 알려 주었고 그의 가르침을 실천한 나라의 국민들은 실제로 그 의지를 되찾았던 것입니다. 이들은 자신이 하고 싶은 것을 많이 하고 하기 싫은 것을 적게 하면서 살 수 있습니다. 이렇게 살면 당연히 보다 행복해지지 않을까요? 그래서 이들 나라는 세계적으로 가장 행복 지수가 높습니다. 이것들을 가능하게 한 사람이 바로 마르크스입니다.

세월호의 안타까운 비극을 겪어야 하는 사회, 학교가 '가고 싶지 않은 곳'이 되어 있고 평생 '자신의 의지'를 억누르며 살아가기를 강요당하는 사회, 그래서 사람들이 별로 행복하지 못한 사회, 그것이 지금 우리가 살고 있는 사회입니다. 이 사회를 '하고 싶은 것을 하고, 하기 싫은 것은 하지 않을 수 있는' 사회로, 그래서 행복한 사회로 만들 수 있는 방법을 알려 준 사람이 바로 마르크스라는 사실을 이제 알았다면 이 인물을 한번 탐구해 볼 만하지 않을까요? 우리도 그런 사회를 만들어 보려고 한다면 말입니다. 맛있는 음식도 먹어 본 사람만이 좋아하듯이 꿈도 꾸어 본 사람만이 결국 실현하는 법입니다. 마르크스는 이런 꿈을 어떻게 꾸었고 그것을 실현할 수 있는 방법을 어떻게 찾았을까요?

2장

환경이 바뀌면 사람도 변할까?

민주주의에 열광한 도시 트리어에서 태어나다

옛날 중국의 춘추 시대 초나라 영왕 때의 일입니다. 인근 제나라에 안영이란 뛰어난 재상이 있다는 얘기를 들은 영왕이 그를 초빙하여 골려 주기로 작정을 했답니다. 영왕은 안영을 불러 놓고 그 앞으로 포졸에게 죄수 한 명을 끌고 가도록 한 다음 그 죄수가 어느 나라 사람이며 무슨 죄를 지었는지 물었답니다. 포졸이 제나라 사람으로 도둑질을 하였다고 대답하자 영왕이 안영에게 이렇게 물었다고 합니다.

"제나라 사람은 원래 도둑질을 잘합니까?"

그러자 안영이 이렇게 답했다고 합니다.

"강(양쯔 강을 가리키는데 당시에는 이 강을 경계로 북쪽이 제나라이고 남쪽이 초나라였습니다.) 남쪽에 있던 귤나무를 북쪽으로 옮겨 심으면 탱자가 되는데 이는 곧 토질 때문입니다. 제나라 사람이 제나라에 있을 때는 도둑질이 무엇인지 모르고 살았는데, 그가 초나라에 와서 도둑질을 한 것을 보면 그것이 초나라의 풍토 때문인 것 같습니다."

영왕의 코가 납작해진 것은 물론이고 영왕은 자신의 잘못을 뉘우치고 안영에게 크게 사죄했다고 합니다. 귤이 탱자가 된다는 '남귤북지'라는 유명한 고사입니다.

이 고사에서 보듯이 사람도 귤과 같은 식물과 마찬가지로 자신이 나고 자란 주변 환경의 영향을 많이 받습니다. 맹자의 어머니가 아들의 교육 환경에 좋은 곳을 골라 세 번 이사 다닌 것으로 유명한 고사(맹모삼천지교)도 그에 따른 것이고 우리나라에서 자녀를 가진 어머니들이 학군이 좋은 곳으로 이사를 가려 하는 것도 비슷한 사례가 아닐까 싶습니다. 마르크스가 인간의 의지를 자유롭게 만들려는 꿈을 꾸게 된 것도 일단은 그가 나고 자란 환경과 많은 관련이 있습니다.

마르크스는 1818년 프로이센(지금의 독일이라는

나라의 옛날 이름입니다.)의 트리어라는 도시에서 태어났습니다. 그런데 마르크스가 태어난 이 시기는 유럽이 중세에서 근대로 넘어오던 시대적인 전환기였습니다. 중세는 신분과 혈통이 모든 것을 결정짓는 사회였습니다. 우리나라의 경우 조선 시대가 바로 거기에 해당하는 시기입니다. 우리가 양반과 상놈이라고 구분 짓던 그런 신분 제도가 유럽에서는 귀족과 평민이라는 형태로 사회를 지배했습니다. 신분은 혈통에 의해 결정되고 혈통은 우리가 스스로 결정할 수 있는 것이 아닙니다. '인간의 의지'는 완전히 무시되는 것이지요. 유럽은 이런 중세 사회가 거의 1,000년 동안 지속되어 왔습니다. 사람들은 오로지 혈통을 결정하는 하느님의 말씀에 복종하며 살았습니다.

그런데 마르크스가 태어나기 얼마 전 프랑스에서 큰 사건이 터졌습니다. 평민들이 신분 제도를 부수어 버린 것입니다. 프랑스 혁명이라고 부르는 것이지요. 중세에는 혈통이 좋은 사람이 높은 사람이 되었고 가장 높은 사람이 바로 왕이었습니다. 프랑스에서는 이제 왕을 없애 버리고 모든 사람이 평등해졌으며, 이들이 '자신들의 의지'를 행사하여 선출한 대표들이 왕을 대신하게 되었습니다. 우리가 오늘날 민주주의(혹은 공화제)라고 부르는 제도입니다. 신분 제도 대신 민주주의가 지배하는

난 빗방울을
먹겠슈!
난 내 의지대로
사과를 먹겠어!

사회를 근대 사회라고 부릅니다. 프랑스는 중세에서 근대로 넘어간 것입니다. 프랑스 바깥의 다른 나라 왕들은 큰일 났다고 생각하고 서로 힘을 합쳐 프랑스를 다시 신분 제도로 되돌리려 했습니다. 그래서 민주주의를 지키려는 프랑스와 신분 제도로 되돌리려는 다른 유럽 나라들 사이에 전쟁이 터졌습니다.

이 전쟁에서 프랑스는 초기에 나폴레옹이라는 뛰어난 군인의 활약으로 계속 승리를 거두었습니다. 마르크스가 살던 트리어는 프랑스와 인접해 있었기 때문에 전쟁이 나자마자 곧바로 프랑스에게 점령되었고 사람들은 나폴레옹이 가져온 민주주의를 경험합니다. 신분 제도에서는 극소수의 사람만이 귀족이었고 대다수 평민들은 이들에게 복종하며 자신이 하고 싶은 것을 할 수 없었지요. 당연히 행복할 수 없었습니다. 그러나 민주주의에서는 이제 이들 다수의 평민도 자신의 의지를 행사할 수 있게 되었습니다. 평민들은 민주주의에 열광했고 트리어는 이런 분위기를 맛본 것입니다. 1815년 나폴레옹이 전쟁에서 패하면서 트리어는 다시 프로이센 왕이 지배하는 신분 제도로 되돌아갔지만 대다수 평민들은 나폴레옹에게서 맛보았던 민주주의의 달콤한 행복을 잊지 못하였습니다.

바로 이런 시기에 마르크스는 트리어에서 태어

아들아,
난 너와 네 친구의
치고 박고 때리며 싸우는
의지를 존중한단다.
넌 참 훌륭한 아버지를
뒀구나!

났습니다. 마르크스의 아버지는 평민이었기 때문에 다른 트리어의 평민들과 마찬가지로 나폴레옹 치하의 민주주의를 잊지 못했습니다. 특히 그는 유대 인이라서 계급 차별 외에 인종 차별도 받고 있었기 때문에 더더욱 그랬습니다. 그는 차별을 극복하기 위해 기독교로 개종하고 법률을 공부하여 변호사가 되었습니다. 다행히 변호사의 수입은 괜찮아서 비교적 유복한 가정을 꾸릴 수 있었습니다. 트리어는 포도주가 생산되는 곳으로 유명한데 그는 포도원을 두 개나 가지고 있었다고 합니다. 마르크스는 '인간의 의지'를 존중하는 아버지와 경제적으로 유복한 환경에서 별 걱정 없이 자라났습니다.

방탕한 학생이 운동권 클럽에 들어가다

마르크스의 청소년 시절에 대한 얘기는 별로 알려진 바가 없습니다. 학교 성적도 그다지 좋지 않았던 모양입니다. 평범한 학생이었던 게지요. 귤과 탱자의 비유에서 이미 말했듯이 사람은 자신의 환경에 따라 변하게 마련입니다. 무난한 환경에서는 무난한 사람이 만들어집니다. 마르크스의 청소년 시절도 바로 그랬던 것

같습니다. 단지 그가 지적으로 영향을 많이 받은 사람은 아버지와 이웃의 베스트팔렌 남작이라는 귀족이었다고 합니다. 두 사람은 서로 신분이 다르긴 했으나 모두 프로이센의 신분 사회보다는 프랑스의 근대 사회가 더 좋은 사회라고 생각하였고 이들의 생각은 그대로 마르크스에게 전달되었습니다. 이래저래 마르크스는 '자신의 의지'를 마음껏 발휘하는 환경에서 자라난 셈이었습니다.

환경이 바뀌게 되면 사람은 숨겨져 있던 소양이나 본성을 드러냅니다. 조용한 시골 마을에서 무난한 시절을 보내던 마르크스에게 대학 생활은 바로 그런 환경의 변화를 가져다주었습니다. 처음에는 청소년 시절이 그대로 이어졌습니다. 고등학교를 졸업하고 나서 마르크스는 트리어에서 그다지 멀지 않은 본대학으로 진학하였습니다. 자유롭게 자라난 청년 마르크스는 대학에서 더욱 자유분방한 생활을 보냅니다. 경제적으로도 아버지의 든든한 후원이 있었습니다. 만취 상태로 소란을 피우다 경찰서에 구금당하는 일도 있었고, 술값 때문에 많은 빚을 지기도 하였으며, 금지된 무기를 소지하여 경찰서에서 조사를 받기도 하고, 친구와 결투를 벌이다가 부상을 입기도 하였습니다. 한마디로 방탕한 대학 생활이었지요.

부모님은 큰 걱정을 하였고 결국 집에서 멀리

떨어진 베를린으로 대학을 옮기도록 하였습니다. 환경이 바뀌면 사람도 변하지 않을까 하는 '혹시나'의 희망이었지요. '혹시나'는 '역시나'가 됩니다. 하지만 부모님이 희망하던 방향은 아니었어요. 베를린은 당시 프로이센의 수도였고 프로이센은 신분 제도를 지키기 위해 나폴레옹과 전쟁을 했던 바로 그 나라입니다. 프로이센 왕은 당연히 나폴레옹이 전파한 민주주의를 위험시하는 사람이었고 수도 베를린은 그런 왕의 생각이 가장 뚜렷하게 반영되는 곳이었습니다. 왕의 명령을 따르는 비밀경찰이 곳곳에서 사람들을 감시하고 언론을 검열하였으며 민주주의를 최대한 억압하고 있었지요. 트리어에서 자랄 때부터 민주적인 환경에서 '자신의 의지'를 마음대로 발휘하던 마르크스에게는 쉽게 받아들이기 어려운 환경이었습니다.

마르크스는 '인간의 의지'를 무시하고 억압하는 프로이센의 사회 체제에 반대하는 생각을 품게 됩니다. 그는 프로이센의 신분 사회를 근대 사회로 변화시킬 필요가 있다고 생각하여 자신과 비슷한 생각을 하는 학생들과 자주 만나고 클럽을 만들었습니다. 요즘 말로 한다면 소위 '운동권'에 들어가서 동아리를 만든 것이지요. 원래 중세의 신분 사회가 '인간의 의지'를 억압하는 수단으로 사용한 것은 종교였습니다. 하느님이 그런 신분 사회를 만들었고 사람은 그냥 거기에 따르기만 하면 된다고 한 것이지요. 프랑스 혁명 이후 사람들은 여기에 의심을 품게 되었고 프로이센은 이제 종교가 아니라 철학을 이용하려고 하였습니다.

프로이센이 종교를 대신하여 자신의 신분 사회를 정당화하기 위해 내세운 것은 1829년 베를린대학 총장에 취임하였던 헤겔의 철학이었습니다.

"현실적인 것은 모두 이성적인 것이다!"

이것은 헤겔 철학을 압축해서 나타낸 대표적인 구절인데 당시의 프로이센은 자신을 여기에 빗대어 주장하였습니다. 즉 현실로 존재하는 프로이센 국가가 가장 이성적인 것이고 따라서 이 국가를 비판하는 것은 이성적인 것을 부정하는 야만적인 행동이라는 것이지요. 그래서 프로이센에 대한 모든 비판을 억압하는 도구로 헤겔 철학을 이용했습니다.

마르크스의 운동권 클럽에서는 헤겔 철학을 비판함으로써 프로이센의 신분 사회가 시대에 뒤떨어진 낡은 제도이고 프랑스 혁명이 만들어 낸 민주적인 근대 사회가 더 좋은 사회 체제라고 주장하려 했습니다. 그런데 마르크스는 헤겔을 비판하기 위해서 헤겔을 공부하다 점점 그의 철학에 깊이 빠져들어

똑똑한 헤겔이 그런 거야. 현실적인 건 이성적이라고. 국가는 있어, 없어? 있지? 그러니까 무조건 이성적이지. 너희도 국가 말 잘 들어야 이성적이야.
말이 되는 것도 같고.
그럴듯해.
에이, 뭘 귀찮게 생각해.
똑똑한 이들이 그러니 맞겠지.
헷갈려. 뭐가 먼저지?
말도 안돼!
뭐라는 거야?
글쎄. 일이나 하러 가자고.

갔습니다. 마르크스는 원래 아버지가 자신의 뒤를 이어 변호사가 되기를 희망했기 때문에 법학을 전공하고 있었는데 이제 철학 공부에 더욱 열을 올리게 되었습니다. 공부를 해 보니 법학보다 철학이 더 흥미로웠던 것이지요. 그런데 그가 베를린대학에 온 지 2년 만에 아버지가 세상을 떠나고 말았습니다. 아버지의 눈치를 볼 필요가 없게 된 마르크스는 아예 전공을 철학으로 바꾸고 철학 공부에 매진하였습니다.

세계 철학사의 큰 줄기 '변증법적 유물론'의 탄생

마르크스는 헤겔 철학이 프로이센 정부가 '인간의 의지'를 억압하기 위해서 이용한 의미만 가지고 있는 것이 아니라는 것을 알게 되었습니다. 그는 오히려 헤겔 철학에서 프로이센의 신분 사회를 근대 사회로 바꿀 수 있는 내용을 발견하였고, 이것은 '인간의 의지'를 억압에서 해방시키려는 그의 사상의 첫 번째 초석을 이루었습니다. 이것은 두 가지 내용으로 이루어져 있습니다.

하나는 세상이 변화하는 원리입니다. 세상은 가만히 멈추어 있지 않고 끊임없이 변화합니다. 우리가 나이를 먹

세상은 변화하고 발전한다.
변화는 자연의 법칙에 따른다.

어 가는 것이 가장 대표적입니다. 사람은 어느 누구도 나이를 먹어 가는 것을 피할 수 없습니다. 변화는 필연적인 것이지요. 그런데 이 변화에는 하나의 원리가 작용합니다. 사람은 나이만 먹는 것이 아니라 나이를 먹으면서 사람 그 자체가 변화하지요. 여러분은 지금까지 자라면서 어른들로부터 이런 얘기를 들어 본 적이 없나요?

"허허, 이제 우리 아무개가 철이 다 들었구나!"

그렇습니다. 변화의 핵심 원리는 '철이 드는 것'입니다. 그런데 이 말은 무엇을 의미할까요? 그것은 마치 과일이 나무에서 익어 가는 것과 마찬가지로 성숙해진다는 의미인데 곧 '자신의 의지'만 주장하는 독단적인 상태에서 '타인의 의지'도 함께 배려하는 민주적인 상태로 된다는 것을 말해 줍니다. 우리는 철없는 어린아이가 장난감 가게나 아이스크림 판매대 앞에서 엄마의 사정은 아랑곳하지 않고 떼를 쓰는 모습을 흔히 봅니다. 타인에 대한 배려 없이 자신의 의지에만 몰입이 되어 있는 모습이지요. 하지만 이 아이가 자라서 대학생이 되고 나면 공부하는 틈틈이 빈 시간을 이용해 커피숍이나 편의점에서 아르바이트를 해서 자신의 등록금에 보태려는 모습을 우리는 쉽게 봅니다. 등록금을 마련하려고 부모님이 얼마나 힘들어하는지를 알게 된 것이지요. 그것은 곧 타인을 배려하고 자신의 의지를 거기에 일치시키려는 모습입니다. 헤겔이 말했던 '이성적인 것'은 바로 이것을 가리킵니다. 그래서 마르크스는 타인의 의지를 억압하는 프로이센 체제가 타인의 의지를 배려하는 민주적인 체제로 되는 것이 필연적이라고 생각하였습니다. 어린아이가 자라나서 철이 든 대학생이 되는 것이 필연적이듯이 말입니다. 이것이 마르크스가 헤겔을 통해서 발견한 변화의 원리입니다. 변증법이라고 부르는 것이지요.

마르크스는 이 변화에 또 하나의 원리가 함께 작용한다는 것을 발견하였습니다. 그것은 헤겔에는 없는 부분으로 포이에르바흐라는 사람에게서 힌트를 얻은 것입니다. 변화는 성숙한 방향으로 이루어지긴 하지만 거기에는 '인간의 의지'와 무관한 별개의 법칙이 작용한다는 것입니다. 장난감 가게 앞에서 떼를 쓰던 어린아이가 대학생이 되면서 철이 드는 것은 필연적인 것이긴 하지만 그 과정은 우리의 의지대로 되는 것이 아닙니다.

마음 같아서는 철없는 어린아이를 당장 대학생으로 만들어 버리고 싶지만(그래서 가끔 성급한 마음에 매를 들기도 하고 꾸중을 해서 다그치기도 하지만) 그것은 우리 뜻대로 되는 것이 아닙니다. 거기에는 일정한 시간이 필요하고 우리는 그때까지 기다려야만 합니다. 이 시간을 결정하는 것은 '인간의 의지'가 아니라 자연입니다. 즉 성숙의 과정은 자연의 법칙을 따른다는 것입니다. 사회의 변화도 이와 마찬가지랍니다. 아무리 인간의 의지를 억압하는 사회라고 해도 반드시 타인의 의지를 존중하는 보다 민주화된 사회로 변하겠지만 그것이 우리의 의지대로 되는 것은 아닙니다. 그래서 사람들은 종종 이렇게 쓴 소리를 내뱉곤 합니다.

"세상은 뜻대로 되는 것이 아냐!"

하지만 너무 실망할 필요는 없습니다. 이런 얘기도 있거든요.

"아무리 닭의 모가지를 비틀어도 새벽은 오고야 만다!"

변화가 우리의 의지대로 되는 것도 아니지만 누군가가 자신의 의지로 막을 수도 없다는 의미입니다. 한때 우리나라가 군인들의 통치를 받던 시절, 억압적인 그 체제도 결국 민주 체제로 변화하리라는 것을 빗대어 한 말이랍니다. 변화가 우리의 의지보다는 자연의 법칙에 따른다는 이 원리를 유물론이라고 부릅니다.

마르크스는 변증법과 유물론을 결합함으로써

세상을 변화시킬 수 있는 종합적인 원리를 만들어 냈는데 이것을 변증법적 유물론이라고 부릅니다. 마르크스는 베를린대학에서 철학 공부를 통해 이 원리를 정립하였습니다. 그는 프로이센이 종교 대신 철학을 이용하여 신분 사회를 정당화하고 있다고 생각하였고, 이 철학에 대항하는 자신의 새로운 철학을 사회에 널리 확산시켜 프로이센을 근대 사회로 변화시켜야겠다고 생각합니다. 이를 위해 철학 교수가 되어야겠다고 결심하였고 교수가 되기 위해서는 우선 박사 학위를 받아야 했습니다.

당시 베를린대학에는 운동권 학생들이 따르던 브루노 바우어라는 젊은 교수가 있었고 마르크스는 이분의 지도를 받아 예나대학에서 박사 학위를 받았습니다. 바우어 교수는 얼마 뒤에 본대학으로 자리를 옮겼고 마르크스는 그의 도움을 받아 그곳에서 교수직을 얻고 싶어 했습니다. 그런데 바우어 교수는 프로이센 정부의 억압적인 정책에 반대하는 주장을 강단에서 펼쳤고 이것 때문에 정부의 미움을 받고 있었습니다. 독일의 대학은 정부가 운영하고 있었고 그는 결국 교수직에서 해고되고 맙니다. 그와 함께 마르크스의 교수직에 대한 꿈도 사라져 버렸습니다. 그가 유물론에서 이미 터득하고 있었듯이 '세상은 그의 뜻대로 되지 않았던' 것입니다.

헤겔
포이에르바흐
기다려야 한다! (기다렸다 재 나가면 먹어야지.)
철이 든다, 든다, 든다…… 들었다! 이제 먹어도 되지?
두 가지를 합치면 좋겠는걸!

억압적인 정부 아래에서는
자신의 의지를 행사하기 어렵다.

그는 강단 대신 다른 일자리를 찾아야 했습니다. 마침 고향에서 멀지 않은 쾰른에서 발행되던 「라이니셰 차이퉁」이라는 신문에서 청탁을 받고 정기적으로 글을 쓰기 시작했고 나중에는 편집장이 되었습니다. 이 지역은 트리어와 마찬가지로 과거 나폴레옹에게 점령되어 프랑스의 민주적인 근대 사회를 경험한 곳이어서 마르크스의 글은 이곳 독자들의 입맛에 잘 맞았습니다. 신문은 독자가 점점 늘어나면서 번창해 갔습니다. 그러나 프로이센을 비판하는 논조를 가진 이 신문은 금방 정부에게 미운털이 박혔습니다. 결국 정부는 신문을 정간시키고 마르크스도 일자리를 잃었습니다. 억압적인 정부 아래에서는 어떤 '자신의 의지'도 행사하기 어렵다는 것을 마르크스는 몸소 체험하였습니다.

마르크스가 이제 프로이센에서 할 수 있는 일은 아무것도 없었습니다. 그는 프로이센을 떠나기로 결심하였습니다. 그런데 프로이센을 떠나기 전에 해야 할 일이 하나 남아 있었습니다. 그는 고등학생 시절부터 누나의 친구였던 4살 연상의 이웃집 아가씨에게 연정을 품고 오랫동안 사귀어 왔는데 이제 이 연애를 결혼으로 마무리 지어야 했습니다. 그는 1843년 6월 고향 인근의 크로이츠나허에서 예니 폰 베스트팔렌과 결혼식을 올리고 곧바로 프랑스 파리로 이주하였습니다. 그것은 인류를 위한 그의 위대한 저작이 만들어지는 긴 여정의 출발점이었습니다. 동시에 개인적으로 평생을 따라다니게 되는 고난의 시작이기도 했습니다. 파리에서는 무엇이 그를 기다리고 있었을까요?

3장

낭만의 도시 파리로 출발!

왜 파리는 우리의 가슴을 뛰게 만드나?

'파리!'라는 도시를 생각하면 여러분은 어떤 느낌을 떠올리게 됩니까? 런던, 베를린, 서울, 뉴욕 같은 도시들과 비교하면 거기에는 무엇인가 낭만적 감흥이 숨겨져 있는 것 같지 않나요? 왜 그럴까요? 왜 파리는 우리의 가슴을 뛰게 만드는 것일까요? 사실 거기에는 역사적인 이유가 있습니다. 마르크스가 조국 프로이센에서 더 이상 아무것도 할 수 없는 절망적인 상태에서 파리로 향하게 된 것도 이와 관련이 있습니다.

유럽이 인간에게 '자신의 의지'를 무시하고 오로

지 하느님의 '종'으로만 살도록 강요했던 중세 1,000년의 잠에서 처음 깨어난 곳이 바로 프랑스 파리입니다. 앞서 우리가 프랑스 혁명이라고 얘기했던 바로 그 사건이지요. 유럽의 왕들은 프랑스를 다시 신분 사회로 되돌리기 위해 나폴레옹과 전쟁을 했고 그 전쟁은 결국 왕들의 승리로 끝났습니다. 그러나 마르크스의 고향 트리어와 마찬가지로 나폴레옹에 의해 잠깐이라도 프랑스의 민주주의를 맛본 유럽 지역에서는 왕들이 되돌려 놓은 신분 사회에 저항하였습니다. 이 사람들은 모두 마르크스처럼 왕들에 의해 탄압을 받았고 자기들의 나라에서는 할 일을 잃었습니다.

한편 프랑스는 나폴레옹의 패배 이후 왕이 다시 되돌아왔지만 이미 혁명을 통해 '자신의 의지'를 발휘한 파리 시민들은 1830년 다시 혁명을 일으키고 왕을 쫓아냅니다. 왕은 타협책으로 평민들의 권리를 인정하는 대신 '국민이 선출하는 왕'으로 남게 되는데 바로 이 시기에 마르크스는 파리로 간 것입니다. 파리는 비록 왕이 통치하는 나라에 속해 있긴 했지만 유럽에서 유일하게 '인간의 의지'를 존중하는 민주주의가 허용된 곳이었습니다. 신분 제도는 이미 허물어진 곳이었지요. 자연히 파리는 유럽 각국에서 마르크스처럼 '인간의 의지'를 위해 싸우다 탄압받은 사람들이 모여든 집결지가 되었습니다. 그런 의미에서 파리는 당

파리는 '인간의 의지'가
억압받지 않는 최초의 도시

시 유럽의 지적인 수도라고 불렸고 '인간의 자유로운 의지'의 상징과도 같은 도시였습니다. 파리가 오늘날 우리에게 낭만의 도시로 떠올려지는 까닭은 바로 여기에 있습니다. '인간의 의지'가 억압받지 않는 최초의 도시이자 유일한 도시였던 기억 때문입니다. 마르크스도 그런 기대를 안고 파리로 가려는 결심을 이렇게 표현하였습니다.

"그래서 파리로, 철학의 옛 대학과 새로운 세계의 수도로! 일이 시작되든 되지 않든, 이달 말까지는 파리에 가겠습니다. …… 프로이센에는 자유로운 활동의 영역이 전혀 보이지 않습니다."

마르크스는 파리로 올 때 쾰른에서 했던 일을 여기에서 계속할 계획이었습니다. 글을 써서 신분 사회가 낡은 사회이며 민주적 근대 사회로 변화될 필요가 있다는 점을 알리는 것이었지요. 그는 아놀드 루게와 함께 「독불연보」라는 잡지를 발간하여 그것을 프로이센에 보급하려고 하였습니다. 그러나 그 잡지는 제1호만 발간되고 곧바로 중단되었습니다. 프로이센 정부가 이 잡지의 정체를 알아채고 프랑스 정부에 압력을 넣었기 때문입니다. 신혼의 단꿈과 함께 낭만의 도시 파리에서의 생활에 잔뜩 기대를 품고 있던 마르크스는 모든 계획이 한꺼번에 틀어져 버린 난처한 처지에 빠지고 말았습니다. 잡지가 중단되면서 잡지의 원고료를 통해 생계를 꾸리려던 계획이 무산되었고 그렇다고 다시 고향으로 돌아갈 수도 없었습니다. 그는 고향에서 추방된 몸이었기 때문입니다. 그야말로 오고 갈 데 없는 신세가 되어 버렸습니다. 더구나 그는 이미 파리에서 출생한 딸을 하나 둔 가장이었습니다.

하늘이 무너져도 솟아날 구멍이 있다고 했던가요? 당시 파리에서 발행되던 독일어 신문인 「포어베르츠」(독일어로 '앞으로'라는 뜻을 가지고 있습니다.)에서 원고를 실어 주겠다는 제안이 들어왔습니다. 그러나 이 다행스러운 기회도 오래가지 못했습니다. 여기에 실은 글이 다시 프로이센 정부의 심기를 건드렸던 것입니다. 프로이센 정부는 프랑스 정부에 압력을 넣었고 1845년 1월 마르크스는 추방 명령을 받았습니다. 나폴레옹 전쟁에서 프로이센에게 패배한 이후 프랑스 정부는 프로이센의 무력을 두려워했기 때문에 프로이센의 압력을 무시하기 곤란했습니다. 마르크스는 파리에서의 생활을 접고 다시 짐을 꾸려야 했습니다. 잔뜩 기대를 품고 시작된 마르크스의 파리 생활은 이처럼 허무하게 끝나고 말았습니다. 그러나 애초의 계획은 모두 틀어졌지만 파리에서 그는 중요한 두 개의 만남을 가졌고 이것은 그의 인생에서 결정적인 전환점을 이룹니다.

인간의 의지를 억압하는 자본주의

하나는 사회주의자들과의 만남이었습니다. 파리로 오기 전 마르크스는 '인간의 의지'를 억압하는 것이 신분 제도라고 생각했습니다. 그는 여기에 대항하여 헤겔 철학으로부터 그것을 무너뜨릴 수 있는 원리를 찾아냈습니다. 그런데 파리는 혁명을 통해서 이미 신분 제도를 무너뜨린 도시입니다. 파리는 중세에서 근대로 넘어간 도시입니다. 여기서는 '인간의 의지'가 자유롭게 해방되어 있고 바로 그렇기 때문에 낭만의 도시라는 이미지를 가지고 있었습니다. 그러나 마르크스는 신분 제도가 무너진 뒤에도 여전히 인간의 의지를 억압하는 새로운 제도가 다시 존재한다는 것을 알게 됩니다.

그 제도가 무엇인지를 마르크스에게 자세히 알려 준 사람들이 사회주의자들이었습니다. 당시 파리에는 사회주의자들이 많이 있었는데, 이들은 그 제도가 자본주의라는 경제제도라고 주장하였습니다. 프랑스에서는 1789년 혁명을 통해 이미 신분 제도가 사라졌는데도 많은 사람들이 여전히 '자신의 의지'를 자유롭게 행사하지 못했습니다. 무엇보다도 공장에서 일하는 노동자들이 그러했습니다. 신분에서는 이미 자유로워졌는데 여전히 노동자들이 자유롭게 행사하지 못하는 '의지'란 도대체 무엇이었을까요? 1830년 프랑스 리옹에서 거리로 뛰쳐나온 노동자들은 억압당한 '자신들의 의지'가 무엇인지를 정확하게 다음과 같이 압축해서 외쳤습니다.

"일하면서 살거나 싸우다가 죽겠다!"

노동자들은 아무리 열심히 일을 해도 먹고살 수 없었고 그래서 일을 해서 먹고살 수 있게 자신들의 처지를 개선하거나 그렇게 되지 못하면 차라리 싸우다가 죽겠다는 것이었습니다. 그들의 의지는 "일을 해서 먹고살겠다!"는 것이었습니다. 그러나 이들의 '의지'는 실현되지 않았습니다. 거리로 뛰쳐나왔던 사람들은 대부분 감옥으로 끌려갔고 이들의 요구는 묵살되었습니다. 그런데 조금만 생각해 보면 이것은 매우 이해하기 어려운 일입니다. 우리

못 먹어서 머리도 다 빠졌다. 물어내라 내 머리!
일한 만큼도 못 먹는 게 말이 되냐?
우리 자식들 입에 넣어 줄 게 없다!
우리 엄마가 일한 만큼은 달란 말이다!
아무리 일해도 먹고 살 수가 없다!
일하면서 먹고 살겠다. 먹고!
나도 먹고!!!
먹으면서 먹고 살겠다!
나의 의지로 자본주의에 대항한다!
뭔 소리야?
넌 또 뭔 소리야?
먹으면서 먹고 먹겠다!

가 먹고사는 데 필요한 것들은 모두 사람의 노동을 통해서 만들어집니다. 그런데 바로 이것들을 직접 만드는 사람들이 먹고살 수 없다니, 이상하지 않습니까? 그 사람들이 직접 만든 것들은 도대체 어디로 사라지고 막상 그 사람들은 먹고살 수 없다는 것일까요?

그 이유는 오늘날 우리의 경험에 비추어 보더라도 금방 알 수 있습니다. 삼성전자 구미 공장에서는 휴대폰이 하루에 수백만 대가 생산됩니다. 이 공장에서 일하는 노동자들은 각자 하루에 수백 대의 휴대폰을 생산합니다. 그런데 혹시 이들 노동자 가운데 누군가가 자신이 직접 만든 휴대폰 하나를 슬쩍 호주머니에 넣어서 몰래 가지고 나온다면 어떻게 될까요? 공장 곳곳에 빈틈없이 설치된 CCTV에 의해 그는 곧 적발되어 경찰에 고발될 것입니다. 그의 죄목은 '절도죄'입니다. 아니, 자신이 직접 만든 것을 가져왔을 뿐인데 절도라니요? 아닙니다, 그가 만든 휴대폰은 그의 소유가 아닙니다. 그가 만든 휴대폰은 하나도 남김 없이 모두 삼성전자의 소유입니다. 그래서 그는 자신이 직접 만들긴 했지만 사실상 남의 것을 훔친 것입니다. 도대체 이것이 어떻게 된 일일까요?

이것은 바로 자본주의라는 제도 때문입니다. 자본주의에서는 노동자가 만든 것이 노동자의 소유가 아니라 노동자를 고용한 사람의 소유입니다. 그러면 당장 이런 의문이 들지요? 자신이 아무리 열심히 일을 해서 물건을 만들어도 그것이 자신의 것은 되지 않고 전부 남의 것으로 되고 만다면 도대체 누가 그런 일을 하겠습니까? 바보가 아닌 다음에야 말입니다. 그것은 마치 속담에 나오듯이 '재주는 곰이 부리고 돈은 주인이 가져가는' 형상이 아닙니까? 이런 빤한 사정에도 불구하고 노동자가 이처럼 '어이없는' 일을 하고 있다면 그 노동자는 분명 자신이 원해서 그렇게 하고 있는 일이 아닐 것입니다. 노동자는 하기 싫지만 '어쩔 수 없이' 그 일을 하고 있을 것입니다. 즉 그것은 노동자의 '의지'에 반하는 일입니다.

노동자들이 어쩔 수 없이 일을 한다는 것은 우리의 경험을 통해서도 쉽게 확인할 수 있습니다. 여러분, 일요일이나 공휴일에 쉬다가 다음 날 학교에 가려면 가기 싫지 않나요?

덩기덕
덩더러러러
사자 아님.
스모키화장한 곰임.
자, 자,
재미있으면
여기에 넣으세요.
돈! 돈! 돈!
우와~
곰이 너무
불쌍해!

그런 적이 많지요? 그런데 직장에 다니는 어른들도 마찬가지랍니다. 휴일에 쉬고 다음 날 직장에 나가려면 정말 죽기보다 싫고 때로는 멀쩡하던 몸이 갑자기 아프기 시작하는 경우도 있습니다. 하도 이런 일이 많은 사람들에게 자주 발생하다 보니 이것을 아예 '월요병'이라고 부르기도 한답니다. 물론 휴가나 여행을 떠나는 경우에는 이런 일이 거의 없습니다. 그것은 내가 좋아서 하는 일이니까요. 이처럼 자본주의는 노동자들의 의지를 거스르는 제도입니다. 그래서 사회주의자들은 노동자들의 의지를 억압하는 자본주의를 새로운 제도로 바꾸어야 한다고 주장하였고 그 제도를 사회주의라고 불렀습니다.

마르크스는 신분 제도를 없앤 근대 사회에서도 자본주의라는 경제 제도가 여전히 인간의 의지를 억압한다는 것을 알게 되었고 여기에서 의지를 빼앗긴 사람들은 이제 중세의 평민이 아니라 노동자라는 것을 알게 됩니다. 그는 인간의 의지를 되찾기 위해 싸워야 할 대상을 중세의 신분 제도에서 자본주의로 바꾸게 됩니다. 마르크스는 노동자와 자본주의에 주목하면서 이들에 대하여 새롭게 공부할 필요성을 깨닫게 됩니다. 그는 이제 경제 제도를 다루는 경제학을 공부하기 시작합니다. 원래 그는 법학과 철학을 전공했고 경제학에 대해서는 제대로 공부한 적이 없었으니까요.

경제학을 공부해 나가면서 그는 사회주의자들의 주장에서 무언가 부족한 것을 자꾸 발견하게 됩니다. 사회주의자들은 자본주의가 노동자의 의지를 억압하는 제도라는 점에 대해서는 속속들이 잘 밝히고 있었지만, 그것을 대신할 제도가 사회주의라는 점에 대해서는 충분히 체계적인 대안을 제시하지 못했습니다. 그들이 제시하는 제도는 마르크스가 보기에 기껏해야 자본주의를 겉모양만 약간 변형시킨 것이거나, 말로만 그럴듯할 뿐 현실에서 실현될 가능성은 전혀 없는 공허한 얘기들이었습니다.

사실 거기에는 그럴 만한 이유가 있었습니다. 자본주의라는 경제 제도는 마르크스가 파리에 있던 시기보다 약 100년 전에 영국에서 처음 시작되었고 프랑스는 혁명이 일어나던 시기에 뒤늦게 영국에서 이 제도를 수입하였습니다. 자본주의의 최고 선진국은 영국이었고 프랑스는 후진국이었던 것입니다. 자본주의를 다루는 학문인 경제학도 당연히 영국이 가장 앞서 있었고 프랑스는 그것을 모방하고 뒤따르는 데에 급급하고 있었습니다. 학문적으로도 후진국이었던 것이지요. 바로 이 경제학에 대한 연구가 부족해서 프랑스 사회주의자들은 한계를 가질 수밖에 없었습니다. 파리에서 새롭게 시작된 마르크스의 경제학 공부는 이런 아쉬움에 머물러 있었습니다. 그것은 마르크스가 경제학의 본거지 영국으로 가면서 해소됩니다.

엥겔스의 헌신적인 희생, 마르크스의 위대한 업적

한편 마르크스는 파리에서 사회주의자들 외에 또 한 사람의 중요한 인물을 만나게 됩니다. 바로 프리드리히 엥겔스입니다. 엥겔스는 마르크스보다 2살 아래로 프로이센의 바르멘이란 곳에서 부유한 공장주의 아들로 태어났습니다. 그는 아버지의 가업을 이어 프로이센과 영국에서 여러 개의 공장을 운영하는 사업가가 되었지만, 마르크스와 마찬가지로 프로이센의 신분 제도에 반대하고 민주적인 근대 사회를 지지하는 생각을 가지고 있었습니다. 1844년 여름 엥겔스는 영국에 있는 자신의 공장으로 가는 길에 파리에 잠시 들러 마르크스를 만났습니다. 두 사람은 과거에 인사를 가볍게 나눈 적만 있었고 깊이 얘기를 나눈 적은 없었습니다. 이들이 만난 장소는 루브르 박물관에서 멀지 않은 레장스라는 카페였습니다.

두 사람은 만나서 얘기를 나눈 지 얼마 되지 않아 곧바로 의기투합하였습니다. 나와 같은 생각을 하는 사람을 만난다는 것이 얼마나 기쁘고 가슴 벅찬 일이겠습니까? 자신을 알아주는 사람, 그것이 바로 친구가 아닙니까? 카페에서 시작된 얘기는 마르크스의 집으로 이어져서 엥겔스는 꼬박 열흘 동안 거기에 머물며 마르크스와 밤낮으로 얘기를 나누었습니다. 얘기를 끝내고 헤어지면서 두 사람은 굳게 우정을 맹세하였고 이것은 평생 동안 변함없이 이어졌습니다. 엥겔스는 나중에 이 만남에 대해서 다음과 같이 표현하였습니다.

"1844년 여름 내가 파리에서 마르크스를 만났을 때, 우리는 모든 이론적 영역에서 의견이 서로 같다는 것을 분명하게 알게 되었고, 우리의 공동 작업은 그때부터 시작되었다."

이 두 사람의 우정은 매우 특이했습니다. 엥겔스는 아버지의 가업을 잇느라 고등학교를 중퇴하고 이후에는 정식 교육을 받지 못했습니다. 반면 마르크스는 교수가 되기 위해 박사 학위까지 정규 교육을 모두 이수하였습니다. 요즘 말로 표현하자면 마르크스가 엥겔스보다 가방끈이 길었던 것이지요. 그래서 엥겔스는 마르크스와 분업을 하기로 결정합니다. 공부는 마르크스가 담당하고 자신은 사업을 통해 돈을 벌어 마르크스의 공

우산같이
쓰시죠.
공구우산
전 엥겔스죠.
우린 스 브러더스.
고맙습니다.
전 마르크스입니다.

부를 지원한다는 것이었지요. 나중에 드러나듯이 이 분업은 환상의 콤비를 이루는 것이었고 지난 1,000년 동안 인류에게 가장 중요한 업적을 만들어 내게 됩니다.

물론 이 분업에서 가장 결정적인 것은 엥겔스의 희생이었습니다. 마르크스는 위대한 저작을 남기지만 엥겔스는 보이지 않는 후원만 담당하는 것이니까요. 엥겔스의 헌신적인 희생이 없었다면 마르크스의 위대한 업적도 결코 만들어질 수 없었을 것입니다. 흔히 동양에서 가장 깊은 우정을 얘기할 때 중국의 춘추 전국 시대에 있었던 관중과 포숙의 우정을 들곤 합니다. 관중의 온갖 허물을 모두 덮어 주고 관중을 자신보다 높은 지위로 추천한 포숙의 헌신적인 우정 때문입니다. 소위 관포지교라고 하지요. 서양에서 이에 버금가는 것이 바로 마르크스와 엥겔스의 우정입니다. 마르크스는 평생 동안 스스로 돈을 벌어 본 적이 거의 없었고 가족의 생계비를 전적으로 엥겔스에게 의존하며 살았습니다. 생계비 외에도 마르크스는 어려운 일이 있을 때마다 도움을 요청했고 엥겔스는 이 요청을 거절한 적이 별로 없었습니다. 참으로 놀라운 헌신과 우정이라고 볼 수밖에 없습니다. 어쨌든 엥겔스와의 만남은 마르크스가 앞으로 공부에만 전념할 수 있는 재정적 토대를 마련했다는 의미를 갖습니다.

4장

하나의 유령이 유럽을 배회하고 있다

브뤼셀로 추방당하다

로마가 최고의 전성기를 누린 것은 5명의 훌륭한 황제(5현제라고 부릅니다.)들이 연이어 통치를 했던 시절로 알려져 있습니다. 이들 가운데 3번째 황제였던 하드리아누스 시절의 이야기입니다. 제사를 지내기 위해 신전으로 향하던 하드리아누스 황제를 한 여자가 불러 세웠다고 합니다. 여자는 무엇인가 청원을 하기 위해 황제가 지나가던 길목에서 기다리고 있었지요. 하드리아누스 황제는 “지금은 시간이 없다.”라고 대답하면서 그냥 지나가려 했습니다. 그러자 여자가 황제의 등에 대고 이렇게 외쳤습니다.

"그러면 당신은 통치할 권리가 없습니다!"

이 말을 등 뒤에서 들은 하드리아누스 황제는 발길을 돌려 여자에게로 가서 이야기를 들어주었다고 합니다. 로마 제국의 황제가 휘두르던 막강한 통치 권력이 어디에서 나온 것인지를 말해주는 일화입니다. 이 일화에 나오는 하드리아누스의 태도에서 알 수 있듯이 로마 황제의 통치권은 로마 시민들의 시민권에서 나온 것이었습니다. 통치권과 시민권이 일치하는 이런 사회 체제를 민주주의 혹은 공화제라고 부릅니다. 로마는 바로 이 공화제의 원조였지요.

시민들의 청원을 물리치지 않는다는 것은 황제가 시민들을 통치하긴 하지만 이들의 의지를 결코 꺾어서는 안 된다는 것을 의미합니다. 이런 시민들의 적극적인 의지가 바로 로마 제국이 유럽 전역을 지배할 수 있는 힘의 원천이기도 했습니다. 그렇기 때문에 이 원리를 잘 이해하고 지켰던 황제들이 통치하던 시기에 로마는 최고의 전성기를 누릴 수 있었습니다. 하지만 5현제의 뒤를 이은 황제들은 통치권을 앞세워 시민권을 억누르기 시작하였고 그것은 그대로 로마 제국의 멸망으로 이어졌습니다. 이후 유럽은 시민권이 소멸된 사회 체제가 오랜 기간 지속되었고 그것이 곧 중세 사회입니다. 시민들이 중세 사회를 무너뜨리고 시민권과 통치권을 다시 일치시킨 사건이 프랑스 혁명입니다. 즉 통치권과 시민권이 불일치할 때 그것을 일치시키는 사건, 다시 말해 의지를 억누르는 제도를 무너뜨리고 의지를 되찾아오는 사건이 바로 혁명입니다.

사회주의자들과의 만남 그리고 엥겔스와의 만남이라는 두 개의 중요한 사건을 파리에서 겪은 다음 마르크스를 기다리고 있던 또 하나의 사건은 바로 혁명과의 만남이었습니다. 「포어베르츠」일 때문에 프랑스에서 추방 명령을 받은 마르크스는 자신의 망명을 받아 줄 나라를 찾았습니다. 그런데 유럽 대륙에서 마르크스의 이주를 허락한 곳은 벨기에뿐이었습니다. 그는 다른 선택의 여지없이 벨기에의 수도 브뤼셀로 이주하였습니다. 벨기에 국왕은 마르크스에게 프로이센 정부의 심기를 건드리는 짓을 하지 않고 '조용히 살겠다.'는 다짐을 받고서야 이주를 허락했습니다.

마르크스는 이때 이미 이사 비용을 엥겔스에게서 지원받았습니다. 평생 동안 계속되는 지원이 시작된 것입니다. 파리에서 마르크스는 「독불연보」의 발행이 중단되는 바람에 아무런 수입도 올리지 못했고 「포어베르츠」에 기고하고 받은 원고료도 매우 적어서 생활에는 별로 보탬이 되지 못했습니다. 결국 자신과 아내가 각자 집안에서 얻어 온 비상금과 지참금에 의존해서 생활할 수밖에 없었는데 이때쯤에는 그것도 이미 바닥이 났습니다.

마르크스의 처지는 막다른 골목으로 몰린 것처럼 매우 곤궁했습니다. 당장 생활할 돈도 수중에 없었고, 언어도 다른 낯선 도시에서 변변한 직업도 가질 수 없었으며, 벨기에 국왕에게 제출한 각서대로 '조용히' 살아야만 했으니까요. 그에게는 아무런 미래도 전망도 보이지 않았습니다. 오로지 자신을 이처럼 곤궁한 처지로 내몰았던 억압적인 사회 체제를 바꾸어야 한다는 생각밖에 남아 있지 않았습니다. 그러나 낯선 땅에서 가난한 망명객이었던 그가 할 수 있는 일이라고는 자신과 비슷한 처지에 있는 사람들과 만나는 일 외에는 없었습니다. 1847년 마르크스는 엥겔스와 함께 망명자들을 모아 런던에 본부를 두고 있던 '공산주의자 동맹'이라는 조직의 브뤼셀 지부를 조직하였습니다. 물론 조직이라고 해 봐야 가난한 망명자들의 모임일 뿐이기 때문에 그냥 모여서 울분을 토로하고 대중들에게 자신들의 생각을 알릴 전단지나 책을 출판하는 정도였지요.

만국의 노동자여, 단결하라!

1847년 자본주의의 가장 선진국이던 영국에서 공황이 터졌습니다. 공황이란 자본주의에서만 나타나는 특이한 현상인데 이것이 발생하면 공장이나 농장에서 생산된 물건들이 갑자기 팔리지 않게 됩니다. 그래서 물건을 팔지 못한 기업과 농민이 파산하고 이들에게 돈을 빌려 준 은행들이 연이어 망하게 됩니다. 당연히 기업이나 은행에 취직해 있던 사람들도 일자리를 잃고 농사를 짓던 사람들은 땅을 빼앗기게 됩니다. 경제가 전체적으로 매우 어려워지는 것이지요. 게다가 이런 공황은 다른 나라에도 영향을 미칩니다. 영국의 기업이 망하면 그 기업과 거래하던 다른 나라의 기업도 어려워지는 것이 당연한 일이니까요. 1847년 영국에서 발생한 공황도 다른 나라로 파급되면서 유럽 전체가 심각한 경제적 어려움에 처하게 됩니다.

이런 공황이 발생하면 일자리를 잃은 많은 사람들이 먹고살 수 없게 되어 사회적으로 큰 문제가 됩니다. 일자리를 잃은 사람들은 바로 노동자들이며 이들은 그러지 않아도 자신들의 의지를 억압하는 자본주의에 불만을 가지고 있던 사람들입니다. 1847년 공황으로 먹고살기 어려워진 노동자들이 분노에 가득차서 거리로 뛰쳐나오기 시작했습니다. 거리로 나온 노동자들은 자본주의에 대해서 불만을 토로하였습니다. 자본주의를 무너뜨릴 수 있는 혁명의 기운이 무르익고 있었습니다.

'공산주의자 동맹'은 혁명의 기운을 보이고 있는 노동자들에게 무엇인가를 지원해야 한다고 생각했습니다. 1847년 11월 공산주의자 동맹은 런던에서 대회를 소집하였습니다. 마르크스는 엥겔스와 함께 브뤼셀 지부 대표로 이 대회에 참석하였습니다. 열흘 동안 계속된 대회에서 동맹은 열띤 토론 끝에 노동자들의 혁명을 지원할 문서를 작성하기로 결정하였고, 이 문서의 작성을 마르크스와 엥겔스에게 위임하였습니다. 이 문서는 자본주의를 무너뜨려야 할 필요성을 설명함으로써 노동자들의 혁명을 지원하려는 의도를 가진 것이었습니다.

마르크스와 엥겔스는 문서를 소책자 형태로 만들기로 하고 1848년 1월 원고를 완성하였습니다. 원고의 제목은 『공산당 선언』(당시 공산당이라는 정당이 실제로 존재한 것은 아니기 때문에 『공산주의자 선언』이라고도 부릅니다.)이라고 붙였습니다. 이 책의 첫 부분과 마지막 부분은 매우 유명한 구절이어서 여러분에게 소개하겠습니다.

"하나의 유령이 유럽을 배회하고 있다. 공산주의라는 유령이

프롤레타리아는
그들의 족쇄 외에는 잃을 것이 없다.

바로 그것이다. 낡은 유럽의 모든 세력은 이 유령을 추방하기 위해 신성 동맹을 맺었다. …… 프롤레타리아는 그들의 족쇄 외에는 잃을 것이 없다. 그들은 투쟁을 통해 세계를 얻을 것이다. 만국의 노동자여, 단결하라!"

유럽을 휩쓴 혁명의 물결

이 원고의 출판을 준비하고 있던 2월, 프랑스에서 정말 혁명이 터졌습니다. 당시 프랑스는 1830년 혁명 이후 비록 왕이 통치하고 있긴 했으나 그것은 평민들과의 타협에 의한 것이었고 신분 제도는 거의 폐지된 상태였습니다. 따라서 1848년의 혁명은 신분 제도를 문제로 삼은 것이 아니었습니다. 이 혁명의 중심 세력은 노동자들이었습니다. 이들이 혁명을 일으킨 이유는 아무리 열

읽어 보세요.
제 남편이
쓴 거랍니다.
읽어 보세요.
공산당
선언입니다.
콩 사탕 서너 개요?
열 개 주면 안 돼요?
만국의 노동자여,
단결하라!
공산당 선언

심히 일을 해도 먹고살 수 없었고 공황으로 인해 그 일자리마저 도 크게 줄었기 때문이었습니다. 그래서 노동자들은 "일하면서 먹고살겠다."는 '자신들의 의지'를 거스르는 자본주의에 대항하여 혁명을 일으켰습니다. 따라서 자본주의를 무너뜨려야 한다고 선언한 마르크스의 책은 마치 프랑스 혁명을 기다리고 있었던 것처럼 되어 버렸습니다.

게다가 혁명은 프랑스에서만 터진 것이 아니었습니다. 혁명은 불이 번지는 것처럼 비엔나, 프라하, 베를린, 밀라노 등 유럽 전역으로 확대되었습니다. 그래서 유럽에서는 1848년을 아예 '혁명의 해'라고 부릅니다. 『공산당 선언』은 1848년 2월 런던에서 출판되어 혁명이 일어난 여러 나라에 배포되었습니다. 초판은 금방 매진되어 4월과 5월 잇따라 재판과 3판이 발행되었고 이탈리아 어, 스페인 어, 영어, 러시아 어, 덴마크 어 등 많은 외국어로 번역되었습니다. 자본주의를 무너뜨려야 할 이유를 조목조목 들고 있는 이 책은 당시 유럽 각국에서 실제로 발발한 혁명의 근거와 정당성을 잘 설명해 주고 있었고 따라서 모든 혁명의 교과서가 되었습니다. 2013년 유네스코는 이 책의 역사적 의미를 높이 평가하여 『공산당 선언』의 원고를 '세계 기록 유산'으로 지정하였습니다. 이때 지정된 원고는 두 개였는데 나머지 한 개는 『자본』 제1권의 원고랍니다.

2월 혁명에서 프랑스는 평민들과 타협했던 왕도 결국 쫓아내 버렸습니다. 프랑스에서는 아예 왕이 없이 국민이 직접 통치하는 정부가 들어섰습니다. 프랑스와 바로 인접해 있는 벨기에의 국왕은 당연히 불안감을 느끼게 되었지요. 프랑스 혁명의 교과서를 쓴 혐의를 받게 된 마르크스는 당장 위험인물로 지목되었습니다. 1848년 3월 3일 마르크스는 벨기에 국왕으로부터 24시간 내에 벨기에를 떠나라는 추방 명령을 받았습니다. 마르크스는 주저하지 않고 곧바로 혁명의 열기가 가득한 프랑스로 돌아갔습니다. 프랑스에서는 그를 추방했던 정부가 이미 물러나고 임시 혁명 정부가 들어서 있었는데, 이 혁명 정부의 각료 가운데 마르크스를 잘 아는 사람이 다음과 같은 초대 편지까지 보냈기 때문입니다.

"친애하는 마르크스에게,

프랑스 공화국의 땅은 자유의 모든 동지들에게 피난처이자 도피처입니다. 전제 정치가 선생을 추방하였지만 이제 자유로운 프랑스는 선생을 비롯하여 거룩한 대의, 즉 모든 민족의 우애라는 대의를 위해 투쟁하는 모든 사람에게 문호를 개방합니다. ……"

그런데 마르크스가 파리에 도착한 지 얼마 되지

않아 프랑스 혁명의 여파로 베를린에서 혁명이 터졌습니다. 마르크스와 엥겔스는 자신들의 조국에서 발발한 이 혁명에 들떴고 도저히 가만히 앉아 있을 수 없었습니다. 그들은 파리에 함께 망명와 있던 운동가들을 조직하여 베를린 혁명을 직접 지원할 방법을 찾았습니다. 마르크스는 자신이 한때 활동한 적이 있었던 쾰른으로 가서 혁명을 지원하기 위한 신문을 발간하기로 하였습니다. 1848년 6월 마르크스가 편집장을 맡은 「노이에 라이니셰 차이퉁」이 창간되었습니다. 마르크스와 엥겔스는 1년 동안 이 신문을 통하여 혁명을 지원하기 위해 온갖 노력을 다 기울였습니다.

그러나 유럽 모든 지역에서 노동자들의 혁명은 얼마 지나지 않아 실패로 끝났습니다. 혁명 이후 구성된 정부에서 노동자들은 소수파로 고립되었고 점차 정부로부터 축출되었습니다. "일하면서 먹고살겠다!"는 노동자들의 요구는 묵살되었습니다. 각 나라에서 노동자들은 아직 소수였고 노동자들이 무너뜨리려고 했던 자본주의는 아직 한참을 더 발전할 여지를 가지고 있었습니다. 자본주의를 무너뜨리고자 하는 노동자들의 의지는 부족했고 그것을 무너뜨릴 자연법칙도 아직 충분히 성숙하지 않았던 것이지요. 마르크스는 혁명의 열병에 들떴으나 그것은 결국 쓰디쓴 환멸로 돌아왔습니다.

난 거기 공장도 있으니까
괜찮을 거야.
안 되겠어.
가자구, 친구.
빗자루
욕조
여보, 왜 그래요?

1849년 5월 마르크스는 혁명 실패의 씁쓸한 기억을 안고 프랑스로 돌아갔습니다. 프랑스에서도 노동자들의 혁명은 실패로 막을 내리고 있었습니다. 노동자들은 혁명 정부에서 밀려났고 프랑스 정부는 마르크스에게 파리에서 멀리 떨어진 시골로 주거를 제한한다는 명령을 내렸습니다. 사실상 유폐 생활을 강요한 것이었습니다. 마르크스는 다시 프랑스를 떠나야 하는 처지에 놓였습니다. 그러나 어디로 가야 하는 것일까요? 노동자들의 혁명을 진압한 유럽 대륙에서는 어디에서도 혁명의 교과서를 쓴 마르크스를 받아 줄 곳이 남아 있지 않았습니다.

1848년 유럽을 휩쓴 혁명의 물결을 피했던 단 한 곳, 영국만이 그에게 남겨진 마지막 피난처였습니다. 거기에 엥겔스의 공장이 있다는 것이 유일한 위안이었습니다. 그것은 엥겔스가 영국으로 이주할 수 있는 핑계가 될 수 있었습니다. 실제로 마르크스는 영국으로 가면서 엥겔스더러 같이 이주하자고 권유하였고 엥겔스는 함께 런던으로 이주합니다. 우여곡절이 많았던 파리와 브뤼셀 생활이 끝나고 이제 마르크스는 평생을 살게 될 런던으로 향하게 됩니다. 거기에는 인류사에 남을 위대한 저작을 만들어야 하는 과제가 그를 기다리고 있었습니다. 바로『자본』이지요. 1849년 8월 24일 마르크스는 런던으로 떠났습니다.

5장

16년 동안 몰두한 경제학 공부

도서관 문을 열 때부터 닫을 때까지

마르크스의 여정은 드디어 유랑을 끝내고 마지막으로 정착할 곳에 이르렀습니다. 런던에 도착한 마르크스의 머릿속을 가득 채우고 있던 것은 실패한 혁명에 대한 아쉬움이었습니다. 혁명은 처음에는 성공했으나 얼마를 버티지 못하고 실패하고 말았습니다. 따라서 거기에는 분명 성공의 열쇠가 숨겨져 있었지만 동시에 무엇인가 부족한 것이 있었습니다. 무엇이 부족했을까요? 마르크스는 이 물음에 대한 답이 틀림없이 노동자들의 의지를 꺾은 자본주의라는 체제 속에 숨겨져 있을 것이라고 생각했습니다. 그런데 자본주의의 가장 선두를 달리고 있던 나라는 영국이었고 그는 바로 그곳에 들어온 것입니다. 따라서 그가 해야 할 것은 분명했습니다. 자본주의에 대한 연구, 즉 경제학을 공부하여 혁명에서 부족했던 것을 찾아내는 것이었습니다.

마르크스는 공부를 하기로 작정합니다. 그러나 그는 이미 자녀를 4명이나 둔 가장이었습니다. 당장 가족의 생계를 해결해야 했습니다. 파리에서 시작된 엥겔스와의 우정이 이제 힘을 발휘합니다. 역사상 참으로 그 예를 찾기 어려운 깊고 평생 이어지는 우정이 본격적으로 시작된 것입니다. 엥겔스는 마르크스에게 생활비를 자신이 맡을 테니 공부에 전념하라고 말합니다. 그러나 사정이 그리 간단한 것은 아니었습니다. 당시 엥겔스의 나이는 29세, 그는 사업가인 아버지를 돕고 있었을 뿐 아직 자신이 독립된 사업가는 아니었습니다. 그가 마르크스에게 지원할 수 있는 돈은 회사에서 아버지 몰래 빼돌린 돈이었습니다. 그래서 엥겔스의 지원은 부정기적으로 이루어졌고 액수도 충분하지 않았습니다.

마르크스는 가난을 감수해야 했습니다. 런던은 당시 인구가 100만 명이 넘는 대도시로 집세가 매우 비싼 곳으로 유명했습니다. 엥겔스의 쥐꼬리만 한 지원에 의지한 마르크스의

노트 살 돈이
없쩡!
공부는 잘하고
있는 거지?
참 좋은 친구 엥겔스
요기다 하나 더?
엉덩이가 간지럽네.
목욕할 때가 됐구먼.
엥겔스 아빠 공장 모형도

대영 박물관 도서관에서
16년 동안 매일 공부하다.

런던 생활은 소호 지역의 단칸방에서 시작되었습니다. 마르크스의 여섯 식구는 이 좁은 집에서 한데 뒤엉켜 살아야 했습니다. 집에는 당연히 그가 공부할 장소가 없었습니다. 그래서 그는 집 밖으로 나와 공부를 해야 했고 곧바로 가장 적합한 장소를 찾아냈습니다. 대영 박물관 부속 도서관이었습니다. 이 도서관은 마르크스에게 공부할 공간을 제공했을 뿐 아니라 그가 프랑스에서 부족함을 느꼈던 경제학에 대한 거의 모든 책을 갖추고 있었습니다.

어려운 조건이었지만 마르크스는 정말 열심히 공부했습니다. 그는 런던 생활이 조금 안정을 찾기 시작한 1851년부터 『자본』을 출판하는 1867년까지 16년 동안 거의 매일 아침 9시부터 저녁 7시까지 도서관에서 공부를 하였습니다. 하도 꼬박꼬박 나오는 바람에 도서관에는 그가 앉던 자리가 정해져 있었을 것이라는 소문도 나돌았습니다. 그래서 조그만 일에도 깊은 관심

을 기울이는 성향이 있는 일본 사람들이 런던에 관광을 오면 항상 대영 박물관 도서관에 들러서 안내원에게 마르크스가 앉던 자리가 어디냐고 물었다고 합니다. 지정석 제도가 없어서 그런 자리가 존재했을 리는 없지요. 지금 대영 박물관의 그 도서관은 폐쇄되어 버렸답니다. 어쨌든 마르크스가 매우 열심히 공부를 한 것만은 분명한 사실입니다.

누구를 위해 공부했을까?

공부라고 하니 혹시 여러분이 오해할 수도 있겠다는 생각이 듭니다. 마르크스가 하던 공부는 우리가 보통 생각하는 공부와는 성격이 다르기 때문입니다. 여러분도 모두 공부를 열심히 하지요? 그런데 공부가 힘들지 않나요? 저도 여러분과 마찬가지의 학교생활을 거쳐 왔으니 잘 압니다. 물론 힘들지요. 그렇다면 이 힘든 공부를 왜 하는 것일까요?

"공부해서 남 주는 것 아니다. 그게 다 너 자신을 위한 것이야!"

공부를 힘들어하는 여러분에게 어른들이 가장 많이 해 주시는 답변입니다. 공부는 나를 위해서 한다는 것입니다. 그런데 참으로 이상한 일입니다. 마르크스는 자신을 위해서 공부를 한 것이 아니었답니다. 그가 열심히 공부한 것은 성적을 올리기 위한 것도, 자격증을 따기 위한 것도, 혹은 사법 시험이나 의사 시험에 통과하기 위한 것도 아니었습니다. 그의 공부에는 아무런 대가가 없었습니다. 돈도 자격증도 지위도 주어지지 않았습니다. 그런데도 그는 열심히 공부했습니다. 도대체 무엇을 위해 공부했을까요? 저는 앞서 그가 1848년 혁명의 실패를 보면서 그 이유를 찾으려고 공부했다고 했습니다. 하지만 그것은 그가 하는 공부의 내용을 설명하는 것일 뿐 공부를 하는 마르크스와 그 공부가 무슨 관련이 있는지를 설명한 것은 아닙니다.

자신을 위한 것이 아니라면 마르크스는 누구를 위해서 공부했을까요? 타인을 위해서였습니다. 그러나 그 타인은 어떤 특정한 한 사람이 아니었습니다. 나를 포함하는 모든 타인, 바로 공동체를 위한 것이었습니다. 인간은 혼자서 살지 않습니다. 우리는 다른 사람들과 함께 공동체를 이루면서 살고 있지요. 공동체 안에서 우리는 다른 사람과 구별되지만 동시에 그 사람과 동일한 공동체에 속해 있습니다. 내 옆자리의 친구가 나와 성적을 다투는 사이이지만 졸업을 하고 나면 같은 학교 출신의 반가운 동문이 되는 것과 마찬가지입니다. 그래서 여기에는 두 개의 '나'가 존재합니다. 다른 사람과 구별되는 '나'와 다른 사람과 동일한 '나'(이것을 대개 '우리'라고 부르지요.)입니다. 마르크스는 다른 사람과 구별되는 '나'를 위해 공부한 것이 아니라 다른 사람과 동일한 '나', 즉 '우리'를 위해 공부했습니다.

우리는 주위에서 공부를 열심히 해서 성공한 사람들을 많이 봅니다. 사법 시험처럼 어려운 시험에 합격하거나 공인 회계사나 의사처럼 힘든 자격증을 딴 사람들이 그런 사람들이지요. 우리가 공부를 열심히 해야 할 이유로 자주 거명되는 사람들입니다. 그런데 이런 공부는 대개 다른 사람과 구별되는 '나'를 위한 것이 보통입니다. 이런 공부를 통해 성공한 사람들이 자신의 이익을 위해 다른 사람이나 공동체에 손해를 끼치는 경우를 흔히 봅니다. 건설업자에게 수시로 술을 대접받고 불법을 눈감아 주는 검사, 재벌에게는 큰 죄도 용서해 주면서 노동자에게는 터무니없이 큰 배상금을 물리는 판사, 부실한 금융 기관을 문제가 없다고 속여서 서민들의 소중한 돈을 횡령하도록 도와준 고급 관료와 공인 회계사 등등 말입니다.

사실 이 두 개의 '나'가 서로 어떤 관련을 가지고 있는지는 마르크스 사상의 핵심을 이루는 부분인데 그것은 뒤에 다루기로 하고 여기서는 공부 얘기로만 한정해 두겠습니다.

가난과 질병과 함께한 공부

마르크스의 공부는 순조롭게 진행된 것이 아니었습니다. 가장 큰 장애 요인은 역시 가난이었습니다. 마르크스의 가난은 매우 유명한데 특히 런던 생활 초기에 심했습니다. 유일한 경제적 후원자인 엥겔스에게 어려운 사정을 호소하면서 보낸 무수히 많은 편지들이 이 시기의 가난을 잘 말해 주고 있습니다.

"일주일 전 웃옷을 전당포에 맡기는 바람에 외출을 못하고, 외상 값을 돈이 없어 이제는 고기를 먹을 수 없게 되었네."(1852년 2월 27일)

"집사람이 아프다네. 꼬마 예니(장녀를 가리킴)**도 아프고 라우라**(둘째 딸을 가리킴)**는 신경성 열병 같은 것에 걸렸네. 약을 살 돈이 없어 의사에게 연락을 하지 못했고, 지금도 못하고 있네. 지난 여드레 동안인가 열흘 동안인가 식구들에게 빵과 감자만 먹였네. 오늘은 그나마도 먹일 수 있을지 모르겠네."**(1852년 9월 8일)

"지난 열흘 동안 집에 돈이 한 푼도 없었네."(1853년 10월 8일)

런던에 도착해서 처음 구했던 집에서는 집세를 내지 못해 한겨울에 갑자기 살던 집에서 쫓겨나야만 했습니다. 그나마 엥겔스가 긴급하게 돈을 보내 줘서 근처에 새로 집을 구하긴 했습니다. 심지어 아이가 아플 때 의사에게 보이고 약을 사 먹일 돈을 구하지 못해 여섯 명의 자녀 가운데 세 명이나 잃었습니다. 1850년 한 살배기였던 둘째 아들 기도가 폐렴으로 사망하였고, 1852년에는 첫돌을 갓 넘긴 셋째 딸 프란치스카가 심한 기관지염에 걸렸다가 제대로 된 의사의 보살핌을 받지 못하고 세상을 떠나고 말았습니다. 장례를 치를 돈마저 없어 망연해 있는 마르크스의 가족을 보다 못해 이웃에 사는 프랑스 인이 2파운드를 빌려 주었다고 합니다. 마르크스는 당시의 상황을 이렇게 말하였습니다.

"그 돈은 내 아이가 평화롭게 누울 수 있는 관을 사는 데 썼다. 그 아이는 세상에 나와서도 요람 없이 지냈는데, 죽어서도 한동안 마지막 안식처를 얻지 못했던 것이다."

하지만 불행은 여기에서 끝나지 않았습니다. 1855년 재치가 많아 집안에서 '귀여운 참새'라는 애칭으로 불리던 첫째 아들 에드거가 심한 위장병에 걸려 한동안 앓다가 세상을 떠나고 말았습니다. 나이는 겨우 여덟 살이었습니다. 마르크스 가족 모두는 거의 실신할 정도의 커다란 슬픔에 빠졌습니다. 마르크스는 당시의 심경을 엥겔스에게 이렇게 털어 놓았습니다.

"지금까지 숱한 불행을 겪어 왔지만 이제야 나는 비로소 진정한 슬픔이 어떤 것인지를 알게 되었네."

이처럼 너무도 심한 가난 때문에 그는 공부고 뭐고 다 집어치우려고도 했습니다. 가난의 주된 이유는 엥겔스가 지원할 수 있는 금액이 충분하지 못한 데다 그가 돈을 버는 일자리를 전혀 구하지 못했기 때문이었습니다. 그는 새로운 일자리를 구하기 위해 미국으로 이민을 갈 생각도 해 보았습니다. 그러

돈이 없어…

나 미국으로 가는 배 삯이 너무 비싼 것을 알고는 포기했습니다. 철도 회사에 서기로 취직하려고 한 적도 있었는데 글씨체가 너무 나빠 낙방하고 말았습니다. 엥겔스는 그의 글씨체가 알아보기 너무 힘들어서 '상형 문자'라고 부르기도 했습니다. 마르크스가 유일하게 돈을 조금 번 일자리는 미국에서 발행되는 신문 「뉴욕 데일리 트리뷴」에 런던 통신원으로 원고를 보내는 일이었습니다. 그러나 그의 원고는 신문사의 사정에 따라 부정기적으로 실렸고 액수도 그리 많지 않았습니다.

지난 열흘 동안 집에 돈이 한 푼도 없었네.

가난 때문에 흔들리는 마르크스를 다시 일으켜 세워 공부에 전념하게 만든 것은 역시 엥겔스였습니다. 엥겔스는 맨체스터에 있던 아버지의 공장으로 가서 사업에 본격적으로 뛰어들어 마르크스에게 보낼 돈을 보다 안정적으로 마련하였습니다. 그리고 몇 가지 행운들이 그를 돕기도 합니다. 1856년에는 아내의 집안에서 상당한 액수의 유산이 상속되어 왔고, 1864년에는 독신으로 살던 빌헬름 볼프라는 친구가 죽으면서 꽤 많은 유산을 그에게 남겼습니다. 마르크스는 이들 유산 덕분에 경제적 상황이 조금씩 나아지기 시작하였고 런던의 빈민가에서도 벗어날 수 있었습니다.

가난 외에도 그의 공부에 장애가 된 또 하나의 요인은 질병이었습니다. 마르크스는 밤을 새워 글을 쓰는 버릇이 있었습니다. 아마 조용히 글을 쓰기 위해서는 좁은 집안에서 가족들이 모두 잠든 시간을 이용해야 했던 사정도 작용했겠지요.

그 결과 눈병이 단골로 찾아왔습니다. 게다가 그는 담배와 술을 상당히 많이 하는 편이었습니다. 당연히 간장 질환도 평생 따라다녔습니다. 거기에다 불규칙한 생활이 불러온 류머티즘과 온몸에 돋아나는 종기도 수시로 그를 괴롭혔습니다. 심지어 엉덩이에 돋아난 종기 때문에 의자에 앉지도 못하고 선 채로 글을 써 나가기도 하였습니다.

어쨌든 이런 어려움에도 불구하고 그의 공부는 꾸준히 진행되었습니다. 공부는 우선 런던으로 오기 전 그가 열병처럼 휘말렸던 혁명에서 시작되었습니다. 그는 1848년에 유럽을 휩쓴 혁명이 실패한 이유를 프랑스의 사례를 중심으로 분석하고 이를 두 개의 글에 담습니다. 『프랑스의 계급 투쟁』과 『루이 보나파르트의 브뤼메르 18일』이라는 글입니다. 이 글에서 그는 혁명이 성공하기 위해서는 두 가지 요소가 갖추어져야 한다고 보았습니다. 의지와 자연법칙이 바로 그것입니다. 혁명이란 인간의 의지를 억압하는 사회 체제를 무너뜨리는 것입니다. 그러기 위해서는 우선 억압당하는 사람들이 억압에서 벗어나려는 '의지'를 가지고 있어야만 합니다. 그런데 이 의지가 성공하기 위해서는 그것이 자연법칙에 따라 충분히 성숙해 있어야만 하는 것입니다.

1848년 혁명에서 '의지'는 노동자들에게 있었고

'자연법칙'은 자본주의와 관련되어 있었습니다. 이 혁명이 실패한 까닭은 자본주의가 아직 충분히 성숙하지 않았기 때문이었습니다. 프랑스는 자본주의의 후진국이었고 그래서 노동자는 아직 소수였습니다. 혁명 정부에서 노동자들이 밀려난 것은 바로 이 때문이었습니다. 의지가 충분히 성숙할 조건이 아니었던 것입니다. 그렇다면 자본주의가 어떻게 성숙하는지, 그 자연법칙을 밝혀낼 필요가 있었습니다. 그것은 경제학을 공부해야만 가능한 일이었지요. 그래서 그는 곧바로 경제학 공부에 몰두합니다. 1851년부터 본격화되는 그의 경제학 공부는 16년 후 근세기 전체를 통틀어 가장 위대한 저작이라고 일컬어지는 『자본』으로 열매를 맺습니다. 그 속에는 혁명의 실패를 털어 낼 자본주의의 자연법칙에 대한 비밀이 담겨 있었습니다.

6장

덧칠해서 완성한 인류 최고의 걸작

초안부터 출간까지 10년이 걸리다

'현실을 완벽하게 재현'하기 위해 평생을 노력한 어떤 화가가 있었습니다. 이 화가는 한 여자의 초상화를 10년 만에 겨우 완성했습니다. 화가의 재능이 매우 뛰어나다는 것을 잘 아는 친구는 그 여자를 얼마나 완벽하게 재현했는지 궁금했습니다. 그러나 화가는 자신의 그림을 보여 주지 않으려 합니다. 그럴수록 친구는 그 그림이 더욱 보고 싶었습니다. 친구는 갖가지 정성을 기울여 드디어 화가의 마음을 돌리는 데 성공했습니다. 친구는 잔뜩 기대에 부풀어 그의 화실로 들어갔습니다. 그러나 화실에서 친구가 볼 수 있었던 것은 형체를 알아보기 힘든 색채의 덩어리와 도저히 이해하기 어려운 선들이 마구잡이로 뒤엉켜 있는 화폭뿐이었습니다. 화가가 매일같이 전날 그려 놓은 그림에서 부족한 부분을 발견하고 끊임없이 덧칠을 했기 때문이었습니다. 화가는 이렇게 토로합니다. "아무것도 없어! 아무것도! 십 년 동안이나 공을 들였는데……." 다음 날 화가는 화폭을 불 속에 던지고 죽어 버립니다.

마르크스가 자신의 필생의 저작인 『자본』의 운명을 예감하면서 읽었다는 발자크의 소설 『알려지지 않은 걸작』의 줄거리입니다. 마르크스의 걸작 『자본』도 이와 비슷한 과정을 겪으며 만들어집니다. 앞서 써 놓은 글들이 끊임없이 수정되었던 것입니다. 마르크스는 본격화된 경제학 공부를 통해서 자본주의의 자연법칙을 찾아냈고 혁명의 열쇠를 손에 쥐게 되었습니다. 마르크스의 독자적인 경제학이 만들어진 것이지요.

마르크스는 자신의 경제학을 노동자들에게 전해 주기 위해 출판을 준비합니다. 최초의 출판 계획은 1857년에 이루어졌습니다. 거기에는 이유가 있었습니다. 그는 자신의 경제학이 혁명의 의지를 가진 노동자들에게 혁명의 자연법칙을 알려 주는 안내서로 사용되기를 희망했습니다. 의지를 자연법칙에 맞

출 수 있다면 이제 혁명은 더 이상 실패하지 않고 성공할 수 있을 테니까요. 그런데 1857년에 공황이 다시 터질 조짐이 보였습니다. 바로 1848년의 혁명을 불러일으켰던 그 공황 말입니다. 그래서 마르크스는 먹고살기 어려워진 노동자들이 다시 혁명의 의지를 불태울지 모른다고 생각했습니다. 마르크스는 공황을 기다리면서 다급한 마음으로 원고를 쓰던 자신의 상황을 엥겔스에게 이렇게 알렸습니다.

"나는 대격변(공황을 가리키는 말입니다.)**이 오기 전에 기본적인 문제들을 명확히 해 두기 위해 밤을 새워 경제학 연구를 정리하고 있다네."**(1857년 12월 8일)

마르크스는 먼저 초안을 쓰기 시작했습니다. 이 작업은 1858년 5월에 마무리 되었는데 이것은 마르크스가 자신의 경제학을 집필한 첫 번째 초안으로 나중에 『경제학 비판 요강』이라는 제목으로 알려진 것입니다. 여기에서 그는 경제학의 주제를 크게 6개로 잡고 이것들을 각기 하나의 책으로 쓸 생각을 했습니다. 그러나 이 계획은 결국 실현되지 않았습니다. 그는 이 6개 가운데 첫 번째 주제인 '자본' 단 한 개만을 썼고 그나마도 대부분 미완성의 상태로만 남겨 두었답니다. 하지만 어쨌든 '천 리 길도 한 걸음부터!' 그 첫걸음은 시작되었습니다. 1859년 그는 이 초안

가운데 일부를 『경제학 비판』이라는 제목으로 출판하였는데 이것이 대중에게 공개된 마르크스의 최초의 경제학 저서입니다. 마르크스는 이 책의 후속 판을 출판하려는 작업에 착수하지만 곧바로 『알려지지 않은 걸작』에서 느꼈던 예감이 현실로 나타납니다. 출판된 책을 보니 부족한 부분이 많이 발견되었고 후속 판은 이들 부족한 부분을 채워 넣을 때까지 미루어야만 했습니다. 마르크스는 새롭게 발견된 부족한 부분들을 메우기 위해 도서관으로 가서 많은 책들을 찾아서 새로 읽고 정리하기 시작합니다.

1861년 여름 마르크스는 다시 원고를 쓰기 시작합니다. 1863년에 완성된 이 원고가 경제학에 대한 그의 두 번째 초안으로 나중에 『1861~1863년 초고』라고 불리는 것입니다. 이 초안에서 마르크스는 『자본』을 모두 4권으로 출판한다는 구상을 밝히고 있습니다. 두 번째 초안이 완성된 다음 마르크스는 이것을 바탕으로 『자본』 제1권의 출판을 준비합니다. 1865년 출판사에 넘길 원고가 최종적으로 완성되었습니다. 마르크스는 이 원고를 완성하면서 '몇 번의 산고를 겪으면서 낳은 아이를 어루만지며 씻겨 주는 것과 같은 기쁨'을 느낀다고 엥겔스에게 말했습니다. 1867년 4월 마르크스는 이 원고를 독일의 함부르크에 있는 출판사에 직접 전달하기 위해 런던에서 배를 탔습니다. 이틀

하도 고쳐 썼더니 빵꾸가 났어.
이건 예술인데~

뒤 함부르크에 도착해서 원고를 넘겨준 다음 교정지가 나오길 기다리며 한 달이나 머물렀습니다. 마르크스의 교정을 거친 책은 9월 14일 드디어 출판되었습니다. 『자본』 제1권이었습니다. 첫 번째 초안이 만들어진 때로부터 꼬박 10년 만이었습니다.

미완성의 걸작 『자본』의 탄생

『자본』은 두 개의 초안을 거치면서 계속해서 덧칠이 이루어지는 방식으로 만들어진 걸작이었습니다. 이 책이 만들어지는 오랜 기간 동안 마르크스는 끊임없이 자신을 덮쳐 오는 가난과 질병에 대항하여 싸워야 했습니다. 원고를 출판사에 보낼 우편 요금조차 없어서 엥겔스에게 도움을 요청했을 정도였습니다. 나중에 그는 이렇게 말했습니다.

"이렇게까지 돈이 없으면서 돈(그의 책 제목 '자본'은 곧 돈이기도 하니까요.)**에 대한 글을 썼던 사람은 지금까지 결코 없었을 걸세. 돈에 대한 글을 썼던 사람들은 대부분 자신들의 연구 주제와 사이가 좋았었지!"**

건강도 문제였습니다. 그는 '펜을 움직일 수조

돈이 없으면서 돈에 대한 글을 쓰다니!

차 없는 고통'에 시달리기도 했으며 고통을 무릅쓰고 억지로 작업을 수행한 다음에는 '어김없이 며칠 동안 앓아누워야만 했던' 적이 한두 번이 아니었습니다. 그래서 마르크스는 스스로 이 책이 '자신의 건강과 행복 그리고 가족을 모두 희생하면서' 만들어졌다고 토로했습니다. 그것을 곁에서 지켜본 그의 아내는 이렇게 말했습니다.

"이보다 더 어려운 상황에서 써진 책은 거의 없을 것이다. 이 책의 집필과 관련해서 알려지지 않은 얘기들을 책으로 엮어 내자면 아마 몇 권 정도의 분량이 되고도 남을 것이다. 그리고 그것을 듣는 사람이라면 이 책을 쓰는 동안 묵묵히 감내해 온 엄청난 근심과 번민 그리고 고통을 헤아릴 수 있을 것이다. 오직 노동자와 그들의 이익을 위해 써진 이 책이 완성되기까지 요구되었던 희생을 노동자들이 알아준다면 좋으련만……."

걸작은 막상 그에 걸맞은 대접을 받지 못했습니다. 독일어로 된 초판은 1,000부가 발행되었는데 그것이 모두 팔

쌓여있는 책들
아이고, 머리 어깨
무릎 발 무릎 발이야.

조금만 누웠다 할래,
아이고.
이보다 더 어려운
상황에서 써진 책은
없을 거예요. 흑흑!

리기까지 4년이나 걸렸답니다. 전혀 인기가 없었던 것이지요. 하도 책이 팔리지 않아 마르크스는 이 책의 인세가 책을 쓰면서 피운 담배 값도 되지 않는다고 불평을 했습니다. 그러나 독일과는 달리 외국에서는 노동자들이 이 책을 주목했습니다. 1868년 러시아에서 이 책을 번역하겠다는 제안이 들어왔고 러시아 어 판은 1872년에 출판되었습니다. 초판은 3,000부가 인쇄되었는데 두 달 만에 모두 매진되어 곧바로 재판을 찍을 정도로 인기가 있었습니다. 프랑스 어 판도 1872년부터 몇 권으로 나누어 출판되었습니다. 영어 판은 한참 후인 1880년에야 비로소 나오게 됩니다.

그런데 이 걸작은 아직 완성된 것이 아니었습니다. 『자본』은 모두 4권으로 구상된 책이고 그 가운데 겨우 1권이 나왔을 뿐이니까요. 마르크스는 아직 초안으로만 남아 있는 『자본』의 나머지 부분들에 대한 작업을 이어 나갔습니다. 특히 그는 제2권과 제3권에서 다룰 수식들 때문에 대수학을 공부하기 시작합니다. 제3권의 지대 부분에 대한 사례가 러시아에 많다는 것을 알고서는 1875년부터, 즉 57살이 되던 해에 러시아 어를 공부하기 시작합니다. 사실 출판된 제1권의 내용에는 오해의 소지가 있는 부분들이 많았습니다. 왜냐하면 그것은 자본주의의 자연법칙을 '모두' 말하지 못하고 단지 4분의 1만 얘기하고 있는 셈이었으니까요. 나머지 3권이 모두 출판되어야만 이들 오해가 해소될 수 있었습니다. 그래서 엥겔스와 출판업자는 그에게 나머지 3권의 원고를 빨리 출판용으로 만들도록 계속 독촉을 했습니다. 그러나 그는 앞서 만들어 놓은 초안들에서 끊임없이 빈틈을 발견하고 그것을 계속 메꾸어 나가기만 했습니다. 『알려지지 않은 걸작』의 화가처럼 끊임없는 덧칠을 계속해 나갔던 것이지요.

마르크스는 결국 나머지 부분에 대한 원고를 완성하지 못합니다. 나머지 원고들은 그가 세상을 떠나고 나서 엥겔스가 손을 보아 출판하게 됩니다. 그것이 얼마나 힘들었는지 제2권과 제3권을 출판하고 나서는 엥겔스도 세상을 떠나 버렸습니다. 마르크스의 글씨체는 앞서도 잠깐 언급했듯이 '상형 문자'에 가까운 것으로 다른 사람들이 도저히 해독하기 어려운 것이었습니다. 아내 예니와 엥겔스만이 그의 글씨체를 해독할 수 있었습니다. 엥겔스는 나이가 들어가면서 자신이 마르크스의 원고를 모두 출판할 수 없다는 사실을 깨닫고 '상형 문자'를 해독할 제자를 한 사람 키웠습니다. 카를 카우츠키라는 사람이었습니다. 엥겔스가 세상을 떠난 뒤 『자본』의 마지막 부분 제4권은 바로 이 카우츠키에 의해서 출판되었습니다. 그러나 엥겔스와 카우츠키가 마르크스의 초안들을 해독할 수는 있었지만 미완성 부분을 임의로 완성할 수는 없었습니다. 결국 그의 걸작 『자본』은 전모가 '알려지지 않은' 채로 남게 되었습니다.

그런데 그 전모가 '알려지지 않았음'에도 불구하고 『자본』은 근세기 인류 최고의 걸작으로 주저 없이 손꼽힙니다. 많은 덧칠로 형체를 알아보기 쉽지 않음에도 불구하고 거기에는 1848년 혁명에서 실패한 노동자들에게 결정적으로 도움이 되는 무기가 숨겨져 있었던 것이지요. 단지 그 무기는 '알려지지 않고' 숨겨져 있었기 때문에 찾아내는 사람에게만 유효한 것이었습니다. 그렇다면 그 무기는 어떤 것이었을까요?

7장

『자본』에 숨겨진 무기를 찾아라!

가파르고 험한 길을 힘들어 기어 올라가라!

'세상을 바꾸는 시간, 15분'

이것이 무엇인지 들어 본 적이 있나요? 15분씩으로 구성된 강의들을 몇 개 모아 짧은 시간에 많은 것을 전달하려는 의도로 기획된 강연 프로그램입니다. 미국에서 시작되었다고 하는데 저도 한 번 섭외를 받은 적이 있습니다. 그런데 처음 강의 소개를 받았을 때 떠오른 것은 '과외의 신'들이 모여 있는 서울의 강남에서 유행하는 소위 '족집게 과외'라는 것이었습니다. 수능 시험이 임박하면 법석을 떠는 것으로 고등학교 3년 동안의 공부를 단 몇 시간에, 그것도 시험에 나올 만한 것으로 요약해서 정리해 준다고 하더군요. 이런 '족집게 과외'처럼 마르크스의 『자본』(제가 번역한 한글 번역본으로 모두 5권, 3,000쪽이 넘는 분량입니다.)을 단 15분 만에 예리하게(!) 정리해서 전달해 달라는 요청이었던 것입니다.

제가 웬만하면 강의 요청을 거부하지는 않는데, 아무리 생각해도 그런 '족집게' 능력을 발휘할 자신이 나지 않아 완곡하게 거절했답니다. 제가 잘못한 것일까요? '촌철살인'이라는 말도 있는데 아무리 『자본』의 분량이 많다고 해도 15분에 그것을 정리하지 못할 이유는 없지 않을까요? 그러나 이 문제는 제가 고민할 문제가 아닌 듯싶습니다. 마르크스가 이미 스스로 대답을 준비해 두고 있기 때문입니다.

"…… 학문을 하는 데에는 평탄한 길이 없으며, 가파르고 험한 길을 힘들여 기어 올라가는 노고를 두려워하지 않는 사람만이 빛나는 정상에 도달할 가망이 있습니다."(1872년 3월 18일, 『자본』 프랑스어 판 서문)

이 말을 조금 새겨서 이해할 필요가 있습니다. 『자본』의 분량이 아무리 많다고 해도 그것을 짧게 요약하는 것이 불가능한 것은 결코 아닙니다. 문제는 내용을 요약할 수 있느냐의 여부에 있는 것이 아니라 이 책의 용도가 무엇인가를 이해하

혁명
책 읽고 이해하면 열림!
뭘 그리 답답하게 해?
아야, 족집게 방법이 먹히질 않아.
음~ 어렵군. 곧 머리가 터질 거야. 그럼 그 폭발력으로 혁명까지 곧장 날아가자.
꼭 이렇게 해야 돼?
응, 아래 저분이 그렇대.
응! 응!

는 데에 있습니다. 『자본』은 단순히 어떤 지식을 전달하는 입시용 교과서 같은 책이 아닙니다. 그런 책이라면 당장 15분, 아니 10분 만에라도 요약할 수 있을 것입니다. 『자본』은 원래 혁명에 실패한 노동자들에게 그 실패를 털어 낼 수 있는 무기를 주기 위한 것이었습니다. 그런데 마르크스가 결국 찾아낸 무기는 노동자들에게 그냥 넘겨주기만 하면 되는 완제품 같은 것이 아니었습니다.

그 무기는 노동자들이 스스로 『자본』에서 찾아내야만 하는 것이고, 무기의 참된 용도는 그것을 찾아내는 방법, 혹은 과정 속에 숨겨져 있습니다. 마르크스가 '빛나는 정상'이라고 하는 것이 참된 용도이며 '가파르고 험한 길을 힘들여 기어 올라가야' 한다고 하는 것이 그 과정을 가리키는 말입니다. 『자본』은 3,000쪽이 넘는 책입니다. 그 3,000쪽을 축지법을 사용하듯 단숨에 올라가는 '족집게' 방법은 없으며 오로지 한 걸음씩 힘들여 기어 올라가야만 비로소 그 무기를 찾아낼 수 있다는 것입니다. 그 무기는 어떤 것이었을까요? 도대체 『자본』에 숨겨진 무기가 어떤 것이기에 마르크스는 그것을 15분 만에 요약하기 곤란한 것이라고 했을까요?

자본주의가 성숙하는 것은 부가 늘어나는 것

마르크스는 1848년 혁명의 실패가 노동자들의 의지에 비해 자본주의가 충분히 성숙하지 못한 데에 있다고 생각했습니다. 그래서 자본주의가 성숙해 가는 자연법칙을 찾아내기 위해 경제학을 공부했고 거기서 찾아낸 자연법칙은 두 가지로 이루어져 있습니다. 하나는 성숙을 판단하는 잣대입니다. 우리는 아이가 성숙하는 것을 아이의 키가 자라는 것으로, 과일나무가 성숙해 가는 것을 그 열매가 익어 가는 것으로 판단할 수 있습니다. 그렇다면 자본주의가 성숙하는 것은 무엇으로 판단할 수 있을까요? 그것은 부가 늘어나는 것으로 알 수 있습니다. 사회 전체가 물질적으로 풍요로워지는 것입니다. 사람은 누구나 물질적 욕망을 가지고 있어서 가난한 것보다 풍요로운 것을 훨씬 더 좋아합니다. 그것을 잘 보여 주는 한 가지 사례가 있습니다.

오래전 중국과 우리나라가 아직 정식으로 수교를 하기 전이었는데요, 중국의 여자 탁구 선수와 우리나라의 남자 탁구 선수가 연애를 해서 결혼까지 간 일이 있었습니다. 결혼 후에 여자는 한국으로 귀화하였고 이들의 결혼은 당시 우리 사회에서 큰 화젯거리가 되었습니다. 어느 날 여자 분이 텔레비전에

사람들은 누구나 물질적 풍요를 좋아한다.

출연한 적이 있었는데 사회자가 처음 연애 감정이 생겨난 계기를 물었답니다. 여자 분이 대답하기를 시합을 하기 위해 한국에 왔다가 잠시 짬이 났을 때 남자 분이 서울 시내를 구경시켜 주었다는군요. 그때 들른 곳이 롯데 백화점이었다고 하는데 여기에서 여자 분이 매우 강렬한 인상을 받았다는 것이었습니다. 중국은 아직 본격적으로 개방을 하기 전이었기 때문에 그렇게 상품이 산더미처럼 전시된 상점이 없었답니다. 백화점의 물질적 풍요가 여자 분의 마음을 단번에 사로잡았던 것입니다. 물론 사랑이 그것만으로 이루어지기야 하겠습니까만 물질적 풍요가 어느 정도 영향을 미친 것은 분명한 일입니다.

이처럼 사람들은 물질적 풍요를 좋아하기 때문에 자본주의가 성숙하는 것은 자연스러운 일이며 강제로 멈추게 할 수 있는 것이 아닙니다. 자본주의가 성숙해지는 것은 아이가 자라고 나무에서 열매가 익어 가는 것처럼 하나의 자연법칙과도 같습니다. 그래서 자본주의가 성숙하면서 부를 늘리고 있는 동안에는 자본주의를 무너뜨릴 수 없습니다. 1848년 혁명이 터졌을 때 유럽의 자본주의는 계속 성숙해 가는 도중에 있었고 따라서 자본주의는 부를 계속 늘리고 있었습니다. 당연히 대다수 사람들의 의지는 자본주의를 무너뜨리려는 노동자들의 의지와 달랐던 것이지요. 노동자들이 소수로 밀려나고 혁명이 실패한 것은 바로 이 때문이었습니다.

부의 크기를 결정하는 것은 타인의 노동 시간

성숙해 가는 모든 것은 반드시 언젠가 더 이상 성숙할 수 없는 최고점에 도달하고 그런 다음에는 늙어 가기 시작합니다. 아이는 자라서 어른이 되고 나면 늙어서 노인으로 변하고, 나무는 열매를 맺고 나면 점차 고목으로 변해 갑니다. 자본주의도 마찬가지입니다. 그것도 언젠가는 더 이상 부를 늘리지 못하고 성숙을 멈춥니다. 혁명은 바로 이때 이루어지는 것입니다. 그런데 자본주의는 어떻게 성숙을 멈추는 것일까요? 그것은 부의 성질과 직접 관련되어 있습니다. 마르크스는 영국의 경제학자들로부터 자본주의에서 부의 크기를 결정하는 것이 인간의 노동 시간이라는 것을 알게 되었습니다. 그런데 마르크스는 여기에서 한 걸음 더 나아가 그 노동 시간이 '타인'의 노동 시간이라는 것을 찾아냈습니다.

우리는 이미 자본주의에서 살고 있기 때문에 이것이 무엇인지를 금방 이해할 수 있습니다. 자본주의 사회에는 노동을 하는 사람과 그 사람을 부리는 사람이 있습니다. 그런데 앞서 이미 삼성전자의 사례에서 보았듯이 노동을 통해 만들어진 물건은 노동하는 사람의 것이 아닙니다. 그것은 노동자를 부리는 사람의 것입니다. 우리가 흔히 사장이나 회장 혹은 자본가라고 부르는 사람들입니다. 부는 노동자가 만들어 내고 그 부의 크기는 노동자가 소비한 노동 시간의 크기에 따라 정해지지만, 정작 그 부는 노동하지 않는 사람의 것입니다.

잠깐, 여기서 사장이나 회장도 감시나 감독 등 노동을 한다는 생각이 들지요? 이것을 흔히 관리 노동이라고 합니다. 그러나 이것은 가치(부)를 생산하는 것이 아닙니다. 관리 노동은 노동자들이 생산한 가치에 기생하는 성격을 띱니다. 마차를 모는 마부는 승객을 원하는 장소까지 태워 주고 운임을 받지만, 사실 승객을 거기까지 태우고 간 것은 마부가 아니라 말입니다. 마부는 말을 모는 수고를 하긴 했지만 그의 수고는 말의 노력

병원에 가 볼
시간도 없네.
야간 대학 가야
하는데.
피곤해 죽겠어.
쉬고 싶은데.
아, 우리 애들
저녁 먹여야 하는데.
사장
열심히들 하라구!
난 골프나 치러 가야지.
시간을 다 뺏었으니까,
하하.

타인의 노동 시간은 무한정 늘어날 수 있을까?

에 기생한 것입니다. 관리 노동이란 마부의 이런 노동과 마찬가지의 성격을 띤 것입니다. 그것은 노동의 결과물을 직접 만드는 노동이 아니라 '타인'으로 하여금 노동의 결과물을 만들도록 부추기는 것일 뿐입니다. 그래서 자본주의에서 부의 크기는 사실상 '타인'의 노동 시간에 의해 결정되는 것입니다. 자본주의가 성숙하기 위해서는 '타인'의 노동 시간이 계속 늘어나야 합니다. 그렇다면 '타인'의 노동 시간은 계속 늘어날 수 있을까요?

'타인'의 노동 시간은 '타인'이 가지고 있습니다. 그래서 타인의 노동 시간을 많이 갖는다는 것은 타인의 것을 빼앗는다는 것을 의미합니다. 그러나 남에게 자신의 것을 순순히 빼앗기는 사람이 어디 있습니까? 당연히 빼앗으려는 사람과 빼앗기는 사람 사이에 긴장과 갈등이 발생합니다. 오늘날 우리가 노동 현장에서 흔히 보는 '파업'이 그것을 보여 줍니다. 그래서 타인의 노동 시간을 늘리기 위해서는, 다시 말해 자본주의가 성숙하기 위해서는 타인의 의지를 억눌러야 합니다. 중세 봉건 사회를 대신한 자본주의가 여전히 인간의 의지를 억압하는 체제인 까닭이 여기에 있습니다. 그렇다면 이들 타인의 의지는 어떤 방식으로 억압으로부터 벗어날 수 있을까요?

자본주의는 교환을 통해 탄생한다

자본주의의 두 번째 자연법칙이 그 해답을 가지고 있습니다. 바로 성숙이 이루어지는 과정입니다. 원래 자본주의의 성숙이 타인의 노동 시간에 의존하게 된 까닭은 그것이 사회 전체에서 부의 크기를 늘리기 때문이었습니다. 자본주의 이전에 사람들은 대부분 농촌에서 조그만 공동체를 이루며 살고 있었습니다. 각 공동체는 다른 공동체와 내왕이 별로 없었고 공동체 내부의 주민들은 각자 자신이 생산한 것만을 주로 소비하면서 살았습니다. 자급자족이라고 부르는 방식이지요. 이런 경제 구조에서는 부의 크기가 '자신'의 노동 시간에 의해 결정됩니다. 그래서 부지런한 농부가 수확을 많이 올려서 풍요로워지는 반면 게으른 농부는 수확이 적어 가난해졌답니다. 개미와 베짱이의 우화가 바로 이런 사정을

자본주의
사회에선
개도
비교되는군.
순금
미스 레이첼~
아무하고나 부비부비
하지 말랬죠?
벼룩 옮아요.
순금

잘 말해 줍니다.

사람들은 자신의 경제 상태가 순전히 자신의 탓이기 때문에 남을 의식하지 않으며 살았습니다. 이런 속담도 있잖아요? "평양 감사도 저 하기 싫으면 그만이야!", "남이야 전봇대로 이빨을 쑤시거나 말거나!" 이런 생활 상태가 어떨지는 무인도에 고립된 로빈슨 크루소를 생각해 보면 됩니다. 옷도 신발도 음식도 모두 자신이 직접 만들기 때문에 모양도 우스꽝스럽고 성능도 충분하지 않습니다. 하지만 그럭저럭 살아갈 수는 있지요. 그런데 이런 상태에 중요한 변화가 일어납니다. 공동체 외부와 교환이 이루어지기 시작한 것입니다. 교환이 이루어진 대표적인 장소는 마르코 폴로가 유럽에 소개했던 실크 로드였습니다. 실크 로드를 통해서 유럽 사람들은 동방에서 '타인'이 만든 물건들을 보게 됩니다. 자신이 만든 것보다 모양도 예쁘고 성능도 우수한 물건을 만나게 된 것이지요.

당연히 사람들은 이들 더 좋은 물건을 갖고 싶어 하게 됩니다. 그런데 타인의 물건을 가지려면 자신도 무엇인가를 주어야만 합니다. 이제 그는 타인에게 넘겨줄 물건을 만들게 됩니다. 사람들은 자신이 아니라 타인이 사용할 물건을 만들고 자신이 아니라 타인이 만들어 준 물건을 사용하게 됩니다. 이

What 점?
로빈슨 크루소 섬
점 하나
찍는 데 천만 원
들었어.
난 두 개!
난 세 개나
되네. 하하.
나 정도는 돼야
중산층이라 하지!

교환은 '물질적 풍요'와
'비교'를 만든다.

것이 자본주의라는 경제 제도가 발생하는 과정입니다. 교환이 확대되면서 경제 구조는 점차 자신의 노동 시간에서 타인의 노동 시간에 더욱더 의존하는 구조로 변화합니다. 그리고 사람들은 그만큼 더 좋은 물건을 손에 넣고 물질적으로 풍요로워집니다. 부는 이제 타인의 노동 시간에 의존합니다. 이것이 자본주의가 성숙해지는 과정입니다.

그런데 교환은 이처럼 사람들의 생활을 물질적으로 풍요롭게 만들어 주는 것 외에 또 하나의 현상을 만들어 냅니다. 사람들끼리 서로 '비교'하게 만드는 것입니다. 로빈슨 크루소처럼 고립되어 혼자 살 때는 사람들은 자신이 부유한지 가난한지 전혀 몰랐습니다. 그래서 자신이 살아가는 데 필요한 만큼 이상의 물건에 대해서는 욕심을 낼 필요도 없었지요. 그러나 교환을 위해 다른 사람과 만나게 되면 그 사람보다 내가 가난한지 부유한지가 당장 드러납니다. 사람들은 당연히 다른 사람보다 더 부유하게 살고 싶어 합니다. 살아가는 데 필요한 것이 기준이 아니라 다른 사람과의 비교가 기준이 됩니다. 그래서 부에 대한 욕심은 무한대로 커집니다. 아무리 많은 양도 그보다 더 많은 양보다는 적기 때문에 비교는 끝이 없는 것이니까요.

자본주의 이전으로 돌아가는 것이 가능할까?

앞에서 이야기했듯이 자본주의에서 부의 크기는 타인의 노동 시간에 의해 결정되기 때문에 남보다 더 부자가 되기 위해서는 타인의 노동 시간을 더 많이 가져야 합니다. 타인의 노동 시간을 빼앗아야 하는 것이지요. 그래서 두 사람의 의지는 서로 대립합니다. 한 사람의 의지가 다른 사람의 의지를 억눌러야 합니다. 1848년 혁명은 이들 두 의지의 충돌이었습니다. 그런데 마르크스는 여기에서 매우 중요한 점을 지적합니다. 이 혁명에서 설사 노동자들의 의지가 자본가들의 의지를 눌렀다 하더라도 인간의 의지를 억압하는 자본주의 자체는 무너지지 않습니다. 의지를 억압당하는 사람이 노동자에서 자본가로 바뀔지는 몰라도 여전히 인간의 의지는 억압당하고 있을 테니까요. 마르크스는 단순한 의지의 관철만으로는 자본주의의 운명을 바꿀 수 없다고 본 것입니다. 그렇다면 어떻게 해야 자본주의를 무너뜨릴 수 있는 것일까요?

여기에서 한 가지 주의해야 할 점이 있습니다. 가끔 텔레비전에서 자본주의에 아직 물들지 않은 열대 우림이나 산간 오지 사람들의 생활을 소개하는 적이 있지요? 그곳 사람들은 우리보다 물질적으로 훨씬 궁핍하지만 하나같이 순박하고 서로 갈등을 일으키지 않고 살아가는 모습을 쉽게 확인할 수 있습니다. 자본주의는 물질적 풍요를 가져다주긴 하지만 그 대신 사람들 사이의 경쟁과 갈등을 만들어 내고 인간의 의지를 억압합니다. 그러면 자본주의 이전으로 돌아가면 어떨까요? 실제로 마르크스가 살던 시대에도 자본주의를 극복하기 위해 자본주의 이전으로 돌아가자고 주장하는 사람들이 있었습니다. 그러나 마르크스는 자연법칙이 그것을 허락하지 않는다고 잘라 말합니다. 실제로 이런 사람들의 주장은 하나도 실현되지 않았습니다.

우리나라도 자본주의가 본격화되기 전인 1960년대에는 이웃과의 따뜻한 온정이 살아 있었고 사람들 사이의 각박한 경쟁은 별로 없었습니다. 지금은 층간 소음 문제로도 이웃과 칼부림을 하고 돈 때문에 가족이 서로 다투고 심지어 살인까지 저지르곤 합니다. 모두 자본주의가 빚어낸 경쟁에 사로잡혀 서로가 상대방의 의지를 억압하려고 하기 때문입니다. 그러나 그렇다고 해서 사람들에게 1960년대로 돌아가자고 하면 그것을 받아들일까요? 자본주의가 가져온 물질적 풍요는 그것을 불가능하게 만듭니다. 아무리 순박해도 산간 오지 마을로 돌아가자는 제안을 받아들일 사람이 몇이나 되겠습니까? 마르크스는 이것이 성숙이 이루어지는 자연법칙임을 밝혀냈습니다. 일단 자본주의로 성숙한 사회는 자본주의 이전으로 돌아갈 수 없습니다. 노인이 아무리 청년 시절로 돌아가고 싶어도 그럴 수 없는 것과 마찬가지입니다.

그렇다면 자본주의의 운명을 바꿀 수 있는 방법은 무엇일까요? 마르크스는 두 개의 '나'가 서로 '다르다'는 점에만 주목하지 말고 서로 '같아질 수 있다'는 점에 주목해야 한다고 말합니다. 그것이 바로 성숙의 자연법칙이라고 마르크스는 얘기합니다. 각자 서로 다른 가정에서 자라난 처녀와 청년은 두 사람의 '나'입니다. 이들이 우연히 만나 서로 사랑하고 결혼을 하게 되면 두 사람은 하나의 '같은' 가족을 이루게 됩니다. 두 개의 '나'가 비교를 멈추고 '우리'라는 하나로 합쳐지는 겁니다. 자연에서 우리가 보는 성숙은 모두 이런 관계로 이루어져 있습니다. 서로 다른 '나'가 '우리'로 되어 가는 과정 말입니다. 자본주의의 운명도 바로 이런 과정을 통해서만 바뀝니다. 보다 성숙해지는 방향으로 말입니다.

자본주의는 원래 물질적 풍요를 가져왔기 때문에 등장했고 그것 때문에 되돌릴 수 없습니다. 그래서 자본주의를 무너뜨리기 위해서는 자본주의보다 더 나은 물질적 풍요를 만들어 낼 수 있어야만 합니다. 그것은 어떻게 가능할까요? 앞서 이미 말했듯이 부의 크기는 노동 시간에 의해 결정됩니다. 그래서 자본주의보다 더 나은 물질적 풍요를 만들기 위해서는 더 많은 노동 시간이 필요합니다. 그런데 자본주의에서 타인의 노동을 빼앗는 사람은 노동하지 않습니다. 사장이나 자본가라고 부르는 사람들이지요. 자본주의보다 노동 시간이 늘어날 수 있는 방법은 이들 노동하지 않는 사람이 노동하는 것입니다. 이들의 노동 시간이 보태지면 사회 전체에서 노동 시간이 늘어나고 부는 더욱 늘어납니다.

너가
던졌니?
너니?
너니?
드르렁 드르렁 드르렁
너도 일해라!

노동하지 않는 사람도 함께 노동하자!

마르크스가 자본주의를 무너뜨리는 방법, 즉 자본주의보다 더 풍요로운 사회를 만드는 방법이라고 제시한 것은 바로 이것입니다. 그것은 교환을 통해 만난 두 사람의 '나'가 서로 '다르다고' 주장하면서 비교와 경쟁을 하는 것에서 서로 '같아지는' 방향으로 함께 손을 잡는 것을 의미합니다. 경쟁과 차별 대신 연대와 협력의 세계로 나아가는 것이지요. 남보다 '더' 부자가 되려 하는 것이 아니라 남과 '함께' 부자가 되는 것, 즉 부를 타인에게서 빼앗는 것이 아니라 오히려 자신의 것을 타인의 것과 합쳐 더욱 늘어난 부를 타인과 함께 갖는 것입니다. 이것을 '사회화'라고 부릅니다. 여기에서는 타인의 의지를 억압할 필요가 없고 오히려 타인의 의지를 존중하게 됩니다. 이것이야말로 인간의 의지가 진정으로 해방되는 방법이며 마르크스가 노동자들을 위해 『자본』에 숨겨 놓은 무기입니다.

8장

인류는 머리 하나만큼 키가 줄었네

마르크스를 따르는 노동자들

마르크스는『자본』제1권을 출판한 이후 나머지 원고를 완성하는 데에 주로 시간을 보냈습니다. 그러나 이들 원고는 결국 완성되지 못했습니다. 따라서『자본』은 사실상 그의 마지막 저작이 되었고 그가 그동안 공부했던 모든 성과의 흔적을 추적해 볼 수 있는 최종적인 단서가 되었습니다.『자본』을 마르크스의 가장 대표 저작이자 그의 사상적 정점이라고 일컫는 이유가 여기에 있습니다.

비록 그 전모를 드러내지는 못했지만 먼저 출판된『자본』제1권에는 이미 1848년 혁명의 실패를 극복할 수 있는 해답이 담겨 있었습니다. 물론 아직 나머지 책이 모두 출판되지 못한 상태였기 때문에 그 해답은 쉽게 찾아내기 어려웠고, 찾아 냈다 하더라도 곧바로 실천할 수 있는 것도 아니었습니다. 하지만 시간이 지나갈수록 마르크스가 『자본』에서 제시한 것만이 유일한 해답이라는 것이 점차 드러났습니다. 많은 사람들이 사회주의라는 이름을 걸고 갖가지 해답을 제시했고 또 실천에 옮겨지기도 했지만 어느 것 하나 성공하지 못했기 때문입니다. 자본주의를 무너뜨리고 자신의 의지를 되찾고자 하는 노동자들은 이제 마

지막으로 남아 있는 해답, 마르크스에게로 눈을 돌릴 수밖에 없었습니다.

『자본』의 판매가 늘어나고 이 책을 언급하는 노동자들이 늘어나면서 마르크스는 점차 세상의 주목을 받게 되었습니다. 마르크스는 유럽 각국의 노동자들로부터 편지를 통해 혹은 직접 방문을 통해 자신이 『자본』에서 제시한 해답에 대하여 질문을 받았습니다. 질문은 점차 늘어갔고 이들 질문에 일일이 답을 하는 것이 그의 주요 일과가 되었습니다. 유럽에서 바다를 건

너 직접 방문한 노동자들은 그의 집에 며칠씩 머물면서 얘기를 나누다 가곤 했습니다. 그래서 그의 집은 항상 노동자들로 북적였다고 합니다. 마르크스는 노동자들에게 앞서 제시된 다른 사회주의자들의 해답이 왜 실패했는지 그 원인을 정확하게 알려 주고 『자본』 제1권에서 충분히 설명되지 못한 최종적인 해답에 대해서 상세하게 설명해 주었습니다.

점차 그의 해답을 따르려는 노동자들이 늘어났고 드디어 1869년 독일에서 마르크스의 해답을 실천하려는 대중적인 노동자 정당이 만들어졌습니다. 이 정당이 최초의 마르크스주의 대중 정당입니다. 얼마 뒤 이 정당은 자기보다 6년 앞서 이미 만들어져 있던 다른 노동자 정당과 통합을 하였는데 이것이 현재 세계에서 가장 오래된 노동자 정당인 독일 사회 민주당입니다. 이 정당은 150년의 역사를 가지고 있고 그 오랜 기간 동안 마르크스의 가르침을 실천하기 위해 꾸준히 노력해 왔습니다. 그 결과 독일은 오늘날 노동자 문제에 있어서 가장 모범적인 사례들을 이루어 냈습니다. 독일에 뒤이어 러시아와 프랑스에서도 마르크스를 따르는 노동자 정당이 만들어졌습니다. 마르크스는 이제 유럽 전체에서 노동자들에게 가장 강력한 영향력을 행사하는 사람이 되었습니다.

그러던 차에 1871년 프랑스에서 혁명이 터졌습니다. 파리 코뮌이라고 부르는 사건입니다. 이 사건의 내막은 다음과 같습니다. 프랑스와 프로이센 사이에 전쟁이 터졌는데 전쟁은 금방 프로이센의 압승으로 끝났습니다. 프랑스는 국토의 상당 부분을 프로이센에게 넘겨주는 굴욕적인 패전 협상을 맺고, 프로이센은 프랑스의 수도 파리로 입성해서 개선식을 거행하기로 합니다. 그런데 당시 파리는 시민들이 스스로 모금을 하여 파리를 방어할 무장을 갖추고 있었습니다. 항복한 프랑스군을 앞세우며 파리로 진군한 프로이센군은 프랑스군더러 파리를 무장 해제시키라고 요구합니다. 그러나 적군이 지켜보는 앞에서 이루어진 이 무장 해제를 파리 시민들은 거부합니다. 결국 프랑스 군대와 파리 시민들 사이에 충돌이 발생하고 시민들은 정부군을 파리에서 몰아내고 독자적인 정부를 구성해 버립니다. 이것이 파리 코뮌입니다.

시민 정부는 70일간 지속되었고 60일이 조금 지나 정부군이 전열을 정비해서 시민군을 진압하기 위해 파리를 공격합니다. 진압 작전은 일주일 동안 계속되었고 이 과정에서 시민군 약 2만 명이 사망합니다. 마지막 항전은 페르 라셰즈라는 공동묘지 인근이었고 이곳에는 당시 전사한 시민군들을 기리는 기념비가 세워져 있습니다. 파리 코뮌은 시민 정부의 성립에서 그 마지막 항전에 이르기까지 전체 과정이 1980년 전두환의 쿠데타 정부에 대항했던 광주 민주화 항쟁과 매우 비슷해서 우리에게도 특별한 의미를 갖습니다. 그런데 이 시민 정부에 들어간 사람들 가운데 상당수가 마르크스를 따르던 노동자들이었습니다. 이 사람들은 시민 정부의 운영과 관련하여 마르크스에게 자문을 구하였고, 그에 따라 코뮌 정부의 정책 가운데 상당 부분은 마르크스가 얘기한 해답과 관련되어 있습니다.

주요 생산 시설을 노동자들의 소유로 사회화하고, 교육을 무상으로 실시하고, 공무원과 군대의 지휘관을 시민과 병사들이 선출하도록 하는 제도 등이 바로 그런 것들이었습니다. 그래서 파리 코뮌은 노동자들이 직접 정부 운영에 참여한 최초의 형태로 마르크스의 해답을 엿볼 수 있는 실제 사례로 손꼽힙니다. 파리 코뮌에 직접 관여했다는 것이 알려지면서 마르크스

의 영향력은 유럽에서 더욱 커졌습니다. 선정적인 언론에서는 아예 마르크스가 파리 코뮌의 배후라고까지 지목하기도 하였습니다. 물론 마르크스가 여기에 직접 관여한 것은 아니었고 그는 단지 거기에 참여한 노동자들의 자문에 응했을 뿐이었습니다. 어쨌든 마르크스는 파리 코뮌을 통해서 더욱 유명해졌습니다.

만년의 마르크스에게는 이처럼 명성만 찾아온 것이 아니었습니다. 그는 경제적으로도 완전한 안정을 찾게 되었습니다. 1870년 엥겔스가 아버지가 돌아가신 후 상속받았던 맨체스터의 공장 지분을 모두 처분하여 큰돈을 만든 다음, 그중 일부로 마르크스에게 비교적 넉넉한 경제적 지원을 꾸준히 할 수 있게 되었기 때문이었습니다. 그는 곤궁으로부터 완전히 벗어났습니다.

마르크스는 오랜 기간 가난에 쫓기는 삶을 살았지만 원래 유복한 가정에서 태어나 어릴 때부터 풍족한 생활을 누리던 사람이었고, 그의 아내도 프로이센의 귀족 출신이었습니다. 그래서 가난에 쫓길 때에도 일시적으로 조그만 수입이 생기거나 엥겔스에게서 후원금이 도착하면 그 돈을 당장의 식량이나 월세 등과 같이 급박한 생활의 용도에 사용하지 않고, 엉뚱하게도 파티를 열거나 집 안의 장식품 혹은 아내나 아이들의 새 옷을 사는 데 써 버리는 일이 잦았습니다. 경제관념이 별로 없었던 것이지요. 막상 자신의 가장 대표적인 저작 『자본』은 경제에 관한 것이었는데도 말이지요.

하지만 이제 엥겔스의 후원이 충분하고 안정적

으로 이루어지게 되면서 마르크스는 더 이상 가난에 쫓기지 않게 되었습니다. 그에 따라 그의 생활도 평화로워졌습니다. 그는 빈민가에서 벗어나 중산층의 거주 지역으로 이사를 하고 2층에는 자신의 서재를 따로 마련하였습니다. 가난에 쫓길 때 그는 비좁은 집 안의 소란을 피해 한밤중에 글을 썼고 그러다 보니 잠을 쫓기 위해 담배와 술에 절어 생활하였지만 이제는 그럴 필요가 없어졌습니다. 그는 여느 사람들처럼 아침 시간에 일어나 식사를 마친 다음 자신의 서재에 올라가 온종일 평온하게 연구에 전념할 수 있었습니다. 저녁이면 여느 런던 신사와 마찬가지로 망토를 걸치고 시내로 산책을 나갔으며 일요일에는 가족과 함께 교외로 소풍을 나갔습니다. 그는 아이들을 매우 좋아했고 아이들도 그를 잘 따랐습니다. 그는 아이들에게 좋은 문학 작품을 알기 쉽게 풀어서 이야기해 주는 자상한 아버지였고 때로는 아예 자신이 직접 이야기를 지어내어 재미나게 들려주기도 하였습니다.

그러나 인간이라면 누구도 피할 수 없는 것이 마르크스에게도 다가왔습니다. 죽음이었지요. 1880년 아내 예니의 병세가 심상치 않다는 것을 마르크스는 알게 되었습니다. 의사의 진단을 받은 결과 간암이라는 판정이 나왔습니다. 당장 세상을 떠나지는 않겠지만 회복은 불가능하다고 했습니다. 마르크스는 모든 일을 접고 아내 곁을 한순간도 떠나지 않으며 병구완을 하였습니다. 함께 휴양을 떠나기도 하고 파리로 시집 간 딸의 집을 방문하기도 하였습니다. 하지만 이듬해 결국 예니는 세상을 떠났습니다. 파리로 망명을 떠나면서 시작된 마르크스와의 결혼 생활은 프로이센의 귀족 집안에서 곱게 자라난 예니에게는 상상하기 어려울 정도로 거칠고 힘든 것이었지만 그녀는 한 번도 마르크스를 배신하지 않고 끝까지 그를 신뢰하고 뒤를 받쳐 준 평생의 반려자였습니다.

마르크스도 예니의 이런 사랑에 항상 감사하고 부응하고자 노력했습니다. 그래서 두 사람은 어려운 환경에서도 변함없이 잉꼬부부를 유지해 나갔습니다. 결혼 생활을 하는 도중에 잠시 서로 떨어져 있는 동안 두 사람이 주고받았던 편지는 마치 연애편지와도 같아서 두 사람 사이의 깊은 사랑을 알려 주는 증거로 유명하답니다. 이런 편지 가운데 대표적인 것으로 손꼽히는 것은 1856년의 한 편지인데 일부 구절을 보면 이들의 사랑을 짐작할 수 있습니다.

"…… 입맞춤을 받기 위해 만들어진 것 같은 당신의 얼굴을 담고 있는 사진을 보면서 …… 나는 두 팔로 당신을 포옹하오. 나는 베네치아의 무어 인(셰익스피어의 비극 『오셀로』에 나오는 주인공을 가리키는데 그는 지나친 사랑에 눈이 멀어 아내를 살해하는 비극에 이르고 맙니다.)도 따라갈 수 없을 만큼 당신을 사랑하오. …… 당신에 대한 나의 사랑은 당신이 멀어지자마자 …… 점점 부풀어 오르면서 되살아나는구려."

또한 아내를 잃고 슬픔을 이기기 위해 알제리로 여행을 떠난 마르크스는 아내에 대한 그리움을 엥겔스에게 이렇게 전하고 있습니다.

"자네가 잘 알다시피 과장된 감정을 표현하는 데 나만큼 쑥스럽게 생각하는 사람도 없을 걸세. 그러나 지금 내 생각이 거의 모두 아내에 대한 생각으로 채워져 있다는 것을 만약 부정한다면 그것은 자네에게 거짓말을 하는 것이 될 걸세. 내 생애의 가장 좋은 세월은 아내와 함께 지낸 그 시절이 아니었을까?"

곁에서 두 사람을 가장 가까이 지켜보았던 엥겔스는 예니의 죽음으로 마르크스도 이제 죽은 것이나 다름없다는 것을 금방 깨달았습니다. 실제로 아내에 대한 지극한 병구완으로 마르크스도 병을 얻었고 의사는 그에게 아내의 장례식에도 참석하지 말라는 경고를 보내기까지 하였답니다.

1883년 3월 14일 오후였습니다. 점심을 먹고 평소처럼 마르크스를 방문한 엥겔스는 그의 딸로부터 그가 이층

선생님,
이리 가시다니…
자네가
남긴 것들은 어떻게든
책으로 내겠네.
지렁이 같은 글씨는
어떻게든 알아볼게요.
쪼끔만 더 쓰구용, 네?
아직 3권이나 남았단
말예용.
안 돼, 위에서
나 혼나는 꼴 보려고 그래?
빨리 따라와!

의 안락의자에서 반쯤 잠이 들었다는 얘기를 듣고 올라갔습니다. 그러나 딸이 엥겔스를 맞이하러 자리를 비운 잠깐 사이에 마르크스는 이미 숨을 거둔 상태였습니다.

"인류는 머리 하나만큼 키가 줄었네. 그것도 우리 시대의 가장 뛰어난 머리 하나만큼."

엥겔스는 마르크스의 죽음을 친구에게 이렇게 전했습니다. 사흘 후 마르크스는 런던의 하이게이트 묘지에 묻혔습니다. 프로이센을 떠날 때 잃었던 시민권은 아직 회복되지 않은 상태였습니다. 그는 지구상의 어느 나라에도 속하지 않은 채로 오직 자신이 꿈꾸던 인간의 의지가 해방된 나라에만 속한 상태로 세상을 떠났습니다. 장례식은 11명만 참석한 조촐한 규모로 치러졌다고 합니다. 지금 하이게이트 묘지에 가면 입구에서 입장료를 받고 있는데(원래 묘지에서는 입장료를 받지 않습니다.) 그 이유가 마르크스 때문이라고 하는군요. 하도 그의 묘지를 찾는 사람이 많아서 아예 안내하는 사람이 상주해 있으며 그의 묘지를 다른 묘지에 비해 훨씬 크게 새로 가꾸어 놓았더군요. 아마도 마르크스가 원한 것은 아니었겠지만 말입니다.

머리가 무거워
자꾸 기울어지네.
유령답지 못해.
이제 안녕!
인류는 머리 하나만큼 키가
줄었다! 우리 시대 가장 뛰어난
머리 하나만큼!
가장 뛰어나며
커다란 머리였죠.

뿔뿔이 흩어져 버린 원고들

마르크스가 세상을 떠난 이후 가장 문제가 된 것은 그의 원고입니다. 이미 짐작할 수 있듯이 그가 남긴 재산은 보잘 것 없는 것이었습니다. 그는 평생 동안 경제적으로 거의 엥겔스에게 의존했고 자신이 따로 재산을 마련한 적이 없었으니까요. 하지만 바로 그 엥겔스의 후원 덕분에 그는 방대한 양의 원고를 만들어 놓았습니다. 이들 원고 가운데 그의 생전에 출판된 것은 극히 일부분이었습니다. 아마도 가장 큰 이유는『자본』이 만들어지는 과정에서 나타났듯이 그가 끝없이 덧칠을 해 대는 완벽주의자였기 때문이 아닐까 생각됩니다. 그가 보기에 이제는 출판해도 되겠다 싶을 만큼 완벽하게 다듬어진 원고는 매우 적었던 것이지요. 게다가『자본』이 출판되기 전까지만 해도 그는 그다지 널리 알려진 사람이 아니었기 때문에 출판사에서 출판을 요청받는 기회도 적었습니다.

하지만 세상을 떠날 무렵 그는 이미 유럽의 주요 국가들에서 자신을 추종하는 대중 정당이 여럿 있을 정도로 명성을 떨치고 있었습니다. 유럽의 노동자들 사이에서 그는 가장 영향력 있고 유명한 사람이었습니다. 출판되지 않은 그의 원고들에 사람들의 이목이 집중되었습니다. 빈센트 반 고흐처럼 사후에 큰 명성을 얻은 화가의 무명 시절 그림이 새삼 사람들의 주목을 받는 것과 똑같은 이치입니다. 아직 알려지지 않은 그의 생각들이 이들 출판되지 않은 원고들 속에 숨겨져 있는 것이 분명했습니다. 그리고 그것은 『자본』 제1권을 통해 조금만 알려진 혁명의 해답에 대하여 보다 상세하고 구체적인 열쇠를 제공해 줄 것이 틀림없다고 사람들은 생각했습니다. 이들 원고를 출판하는 것이 주요한 과제로 떠올랐습니다.

마르크스는 자신의 유언 집행인으로 생전에 이미 엥겔스를 지정해 두었습니다. 그래서 이 과제는 엥겔스에게 맡겨졌습니다. 사실 마르크스가 썼던 거의 모든 원고는 처음부터 엥겔스와 함께 썼거나 도중에 그의 의견을 반영하여 만들어진 것이었습니다. 또한 엥겔스만큼 가까이에서 그와 깊은 얘기를 주고받은 사람도 없었습니다. 그래서 엥겔스가 살아 있는 동안은 어느 누구도 마르크스의 원고에 접근할 수 없었습니다. 엥겔스는 원고 가운데 출판되어야 할 것들을 우선적으로 찾아내어 자신이 직접 편집을 하여 출판하였습니다. 하지만 엥겔스의 생명도 거기에서 꺼져 버렸습니다. 엥겔스는 세상을 떠나면서 유언장을 통해 마르크스가 혼자서 만든 원고는 그의 가족에게, 자신이 관여한 원고는 모두 독일 사회 민주당에 넘긴다고 밝혔습니다.

근세기 최고의 사상가인 마르크스의 원고는 이 때부터 기구한 역정을 겪게 됩니다. 가족들은 뿔뿔이 흩어져 버렸고 독일 사회 민주당도 히틀러에게 정권을 빼앗긴 다음 해외로 망명을 떠나야 했기 때문입니다. 원고들은 온전하게 한곳에 보관되지 못하고 세계 곳곳을 떠돌아다니게 되었습니다. 이 과정에서 상당 분량의 원고들이 유실되고 말았습니다. 비교적 중요한 원고들은 다행히도 오늘날 네덜란드의 암스테르담과 러시아의 모스크바에 소장되어 있지만, 유실되어 버린 원고들은 지금도 가끔씩 고서 시장에 경매 물건으로 나타나곤 한답니다. 어쨌든 이처럼 마르크스는 아직 그의 원고가 모두 출판되지 않은 채로 베일 속에 가려진 사상가로 남아 있습니다. 하지만 조금밖에 드러나지 않은 그 사상의 면모만으로도 그는 지난 1,000년 동안 인류에게 가장 중요한 영향을 미친 사람으로 지금 우리에게 기억되고 있습니다. 그의 위대성을 다시 한번 돌아보게 만드는 일이지요.

9장

두 개의 마르크스, 어느 게 진짜야?

박물관으로 들어간 마르크스, 다시 돌아오다

"제2의 프랑켄슈타인 같은 놈이라니!"

1863년 12월 온몸에 종기가 나서 고생하던 마르크스가 자신의 등에 생긴, 특별히 그를 괴롭히던 종기 하나를 지칭하며 내뱉은 말입니다. 프랑켄슈타인은 영국의 메리 셸리가 1818년에 발표한 소설의 제목입니다. 이 소설은 당시 폭발적인 인기를 얻어 베스트셀러가 되었고 나중에 여러 차례 영화로 만들어지기도 하였습니다. 스위스의 신비주의자 빅토르 프랑켄슈타인이 시체 조각을 모아서 인조인간을 만든 다음 거기에 생명을 불어넣으면서 벌어지는 이야기입니다. 인조인간은 처음에 자신에게 생명을 불어넣어 준 프랑켄슈타인을 사랑하고 그에게 감사를 하지만 점차 자신이 인간들과 어울릴 수 없다는 사실을 알게 되면서 절망에 빠지다가 결국 프랑켄슈타인을 저주하며 그를 죽이고 맙니다. 자신의 분신과의 사이에서 빚어지는 사랑과 증오의 상관관계를 인간의 이중성에 빗대어 그려 낸 뛰어난 소설인데 마르크스는 이 소설에서 매우 깊은 인상을 받았다고 합니다.

하나의 예감이었을까요? 마르크스는 프랑켄슈타인과 똑같은 운명을 겪게 됩니다. 시체 조각을 이어 붙인 것과 같이 억지 형태로 그의 분신이 만들어졌으나 그 분신은 결국 진실에 좌절하면서 자살하고 말았기 때문입니다. 분신의 비극은 두 개의 마르크스를 둘러싼 혼동을 불러일으켰고 그 서막은 냉전과 함께 올랐습니다. 마르크스가 오늘날 인류에게 중요한 사람으로 기억되는 가장 결정적인 까닭은 아마도 지난 세기 동안 인류 전체를 대립으로 몰아갔던 냉전 때문일 것입니다. 냉전은 세계를 자본주의와 사회주의로 나누었고 이들 두 진영의 대립은 마르크스를 중심으로 이루어진 것이기 때문입니다.

사회주의 진영은 자본주의를 비판하는 데에 마르크스를 가장 앞세웠고 자본주의 진영 또한 사회주의를 비판하는 데에 마르크스를 가장 앞세웠습니다. 마르크스는 두 진영에서 각기 반대되는 이유로 앞장 세워졌던 것입니다. 한쪽에서는 옳은 것으로 다른 한쪽에서는 틀린 것으로 말입니다. 이들 두 진영의 대립은 1991년에 끝이 났습니다. 사회주의가 패배하고 자본주의가 승리한 것이지요. 그래서 마르크스를 둘러싼 대립도 끝난 것처럼 보였습니다. 마르크스가 틀렸다는 것으로 말입니다. 실제로 마르크스는 그렇게 대접받았습니다. 그의 말을 빌린다면 '죽은 개'(별 볼 일 없다는 뜻입니다.)처럼 취급당한 것이지요. 그는 지나간 역사의 유물로서 박물관의 진열장 속으로 들어갔습니다.

그런데 누구도 생각하지 못한 일이 일어났습니다. 2008년 미국에서 공황이 터진 것입니다. 마르크스가 이미 1848년에 혁명을 예감하고 1857년에도 경제학 책을 서둘러 써야겠다고 생각하게 만든 바로 그 공황 말입니다. 그런데 미국에서 공황이 발발하기 전에 그것을 미리 경고한 사람은 아무도 없었습니다. 미국을 포함하여 많은 나라의 국가 기관과 민간 기관에서 경제학을 전공한 매우 우수하다고 알려진 전문가들이 경제 상황에 대하여 엄청난 양의 보고서들을 계속해서 발표하고 있었습니다. 그런데 2008년 공황이 터질 때 그것을 미리 알려 준 경제학자가 전혀 없었던 것입니다.

왜들 싸우고
그래, 애들처럼.
마르크스 형님이
넌 곧 죽을 몸이래!
그리 망해 놓고도
마르크스 형님 타령이냐!

『자본』은 공황을 설명한 책

1848년과 1857년에 그랬던 것처럼 경제가 극히 어려워지고 많은 사람들이 고통을 겪게 되었습니다. 당연히 사람들은 누군가가 이 현상을 설명해 주고 그것에 대한 해법을 제시해 주기를 갈망했습니다. 그러나 오늘날의 경제학에는 공황이라는 현상을 설명하는 이론이 아예 존재하지 않습니다. 경제학자들이 공황을 미리 알려 줄 수 없었던 것도 바로 그 때문입니다. 위기 앞에서 해결책이 없다는 것을 알게 된 사람들이 절망 속에서 한 가닥 희망의 빛을 찾은 것은 바로 마르크스였습니다. 마르크스는 공황에 쫓겨 경제학 저작의 집필을 시작했고 그 최고봉인 『자본』은 바로 공황을 설명한 책이었기 때문입니다. 『자본』에는 공황의 원인과 현상 그리고 해법까지 모두 담겨 있습니다. 그래서 '죽은 개'처럼 취급받던 마르크스가 다시 돌아왔습니다.

그런데 이처럼 마르크스가 다시 돌아오게 되자 사람들은 심각한 혼동에 빠졌습니다. 우리 눈앞에 두 개의 마르크스가 함께 존재하게 되었기 때문입니다. 하나는 지난 세기 사회주의의 패배와 함께 박물관의 진열장 속으로 들어간 마르크스이고, 다른 하나는 공황을 설명하고 공황으로부터 우리를 구출해 주기 위해 돌아온 마르크스입니다. 하나는 틀린 것이고 다른 하나는 맞는 것입니다. 마르크스는 마치 사랑과 저주 사이에 놓인 프랑켄슈타인과 같은 운명에 빠져 버린 것입니다. 이것이 도대체 어떻게 된 변고일까요? 이들 두 개의 마르크스를 구별하는 것은 매우 중요합니다. 지금 우리는 마르크스를 필요로 하고 있고 만일 올바른 마르크스를 구분하지 못한다면 지난 세기에 보았던 사회주의의 패배를 다시 경험하게 될 것이기 때문입니다. 그렇다면 두 개의 마르크스는 어떻게 구별할 수 있을까요?

공황을 극복하는 방법은?

먼저 돌아온 마르크스를 보도록 합시다. 이 마르크스는 공황을 설명하고 해결 방법을 알려 주는 마르크스입니다. 공황은 자본주의가 더 이상 부를 늘릴 수 없는 한계에 부딪쳤을 때 발생하는 현상을 가리킵니다. 앞서 『자본』을 설명하면서 우리는 자본주의가

난 마르크슨데
넌 누구니?
나도 마르크슨데
그러는 넌 누구니?

더 이상 부를 늘리지 못하는 것은 바로 타인의 노동 때문이라고 했습니다. 즉 타인의 노동에 의존하여 정작 자신은 노동하지 않는 사람들 때문에 공황이 발생하는 것이지요. 마르크스는 이 공황의 해법이 부를 다시 늘리는 방법, 즉 사회 전체의 노동 시간을 늘리는 데에 있다고 얘기했습니다. 그래서 마르크스는 노동하지 않는 사람들이 스스로 노동함으로써 사회 전체의 노동 시간에 자신들의 노동 시간을 보태는 방법만이 공황을 극복할 수 있는 방법이라고 알려 준 것입니다.

그런데 이 공황의 해법에는 조건이 필요합니다. 노동하지 않는 사람들이 노동하도록 만들기 위해서는 이들이 의존하고 있는 타인이 더 이상 그들을 위해 노동하지 않아야만 합니다. 타인의 노동을 더 이상 얻을 수 없으면 누구나 스스로 노동해야 할 것이기 때문입니다. 그런데 이를 위해서는 노동하는 사람들이 자신의 의지를 행사해야만 합니다. 타인을 위한 노동은 노동하는 사람들의 의지를 억압하면서 이루어지는 것이니까요. 하지만 자신의 의지를 자유롭게 행사하기 위해서는 민주주의가 필요합니다. 민주주의란 모든 사람이 누구의 간섭도 받지 않고 자신의 의지를 자유롭게 행사하는 것을 가리키는 것이니까요.

결국 돌아온 마르크스가 제시한 공황의 해법은

노동하지 않는 사람들이
노동함으로써 공황이 극복된다.

민주주의의 확대와 그를 통해 사회 전체의 부를 늘리는 것입니다. 단, 여기에서 마르크스가 말하는 민주주의는 정치적인 민주주의뿐 아니라 경제적인 민주주의를 함께 포함하는 개념이라는 것에 주의하시기 바랍니다. 2008년 공황이 터지자 경제적인 어려움에 분노한 미국 시민들이 월 가를 점령하면서 외쳤던 구호가 "1%를 위해 99%의 희생을 강요하지 마라!"였던 것은 바로 이 민주주의가 공황과 직접 관련되어 있다는 것을 말해 줍니다. 경제적인 민주주의에 대한 개념이 혹시 얼른 이해가 안 될지 몰라 설명을 덧붙이자면 얼마 전 우리나라에서 희망 버스가 사회적 관심을 크게 끌었던 사건이 있었지요? 부산의 한진중공업이라는 회사에서 노동자들을 대량 해고시키면서 이에 반발한 노동자들과 회사의 갈등 때문에 생긴 사건이랍니다.

그런데 이 사건을 보면 이상한 점이 있습니다. 원래 노동자들이 회사에 취직할 때는 근로 계약이라는 것을 체결합니다. 이 계약은 노동자가 그 회사에서 일을 할 의사를 가지고 있고 회사도 그 노동자를 데려다 일을 시킬 의사를 가지고 있다는 것을 확인하는 절차입니다. 두 사람이 서로 합의를 한 것이지요. 해고는 바로 이 계약을 깨는 것입니다. 그런데 이상하게도 계약을 체결할 때는 합의를 했으면서 그 계약을 깰 때는 합의를 하지 않은 것입니다. 회사의 회장님이 혼자서 마음대로 결정한 것이지요. 이것은 민주주의가 아니지요. 이것은 회장님의 독재이고 바로 이 독재 때문에 자본주의에서 공황이 발생한다는 것을 마르크스는 이론적으로 밝혀냈던 것입니다. 마르크스가 민주주의를 공황의 해법으로 제시한 것은 바로 이 때문입니다.

소련이 만든 가짜 마르크스

그렇다면 민주주의의 확대를 주장하는 돌아온 마르크스와 지난 세기 사회주의에서 실패한 마르크스는 어떤 차이가 있는 것일까요? 지난 세기에 사회주의 진영을 이끌던 나라는 소련입니다. 실패한 마르크스는 이 나라에서 만들어진 것입니다. 소련은 원래 마르크스를 따르던 러시아의 노동자들이 만든 러시아 사회 민주

노동당의 다수파(이들을 볼셰비키라고 부릅니다.)가 1917년 혁명을 통해 정권을 잡으면서 세운 나라입니다. 이들은 당연히 자신들이 배운 마르크스의 교훈을 소련에서 실현하려고 했습니다. 그런데 그것이 이들의 뜻대로 되지 않았습니다. 앞서 유물론이라는 원리에서 말하던 인간의 의지를 지배하는 자연법칙 때문이었습니다. 어린아이가 어른이 되기 위해서는 충분한 성숙 기간이 필요하듯이 마르크스의 해법도 자본주의가 충분히 성숙한 다음에야 비로소 실현될 수 있는 것이었습니다.

1917년 혁명 당시 러시아는 아직 자본주의가 충분히 성숙하지 않은 나라였습니다. 러시아는 유럽에서 가장 자본주의가 뒤처진 나라였고 아직 봉건 사회로부터도 완전히 벗어나지 못한 사회였습니다. 대부분의 국민들은 농민들로 여전히 봉건 사회의 공동체에 갇혀 살고 있었고, 교환은 별로 이루어지지 않아서 사회적 부가 늘어날 수 있는 구조를 갖추고 있지 않았습니다. 사람들이 불만을 가지고 있던 것은 러시아의 봉건적 상태였지 자본주의가 전혀 아니었습니다. 자본주의는 아직 제대로 된 모습도 보이지 않았으니까요. 이런 상태에서 볼셰비키는 자본주의를 넘어서는 사회를 세우려고 했습니다. 아직 걸음마도 채 배우지 못한 아이에게 뜀박질을 시키려고 한 것과 마찬가지였습니다.

볼셰비키의 의도와 러시아의 상태가 일치하지 않는다는 것은 이들이 정권을 잡고 나서 처음 치러진 선거에서 곧바로 드러났습니다. 볼셰비키는 혁명 이후 왕을 폐위시키고 프랑스의 사례를 따라 국민들이 자신의 의지를 자유롭게 행사할 수 있는 민주주의를 도입하였습니다. 그래서 선거가 실시되었습니다. 그런데 선거 결과는 볼셰비키의 뜻을 완전히 벗어난 것이었습니다. 볼셰비키는 의회에서 25%밖에 차지하지 못하였고 그와 정치적으로 대적 관계에 있는 정당이 57%나 차지하여 다수당이 되어 버린 것이었습니다. 자본주의를 넘어서려는 의지를 가진 사람은 러시아에서 아직 소수였고 대다수 국민들은 봉건 사회를 벗어나기를 희망하고 있었을 뿐이었습니다. 볼셰비키는 이런 뜻하지 않은 상황을 맞아 무모한 실험을 감행하기로 결심합니다. 의지로 자연법칙을 굴복시키겠다는 것이었지요. 하긴 우리나라 격언에도 '정신일도 하사불성'(의지만 굳건하면 무슨 일을 이루지 못하겠느냐는 말)이라는 말이 있긴 합니다. 그러나 사회 제도의 경우에는 이 말이 적용되지 않습니다. 마르크스의 유물론이 바로 그것을 알려 주는 과학입니다.

이들은 마르크스를 자신들의 조건에 맞추어 억

소련의 공산 독재 사회는
인간의 의지를 억압하는 사회

지로 변형시키기로 결정합니다. 프랑켄슈타인이 했던 것처럼 시체 조각을 이어 붙여 새로운 생명을 만들기로 한 것입니다. 마르크스는 민주주의의 확대 없이는 사회적 부를 늘릴 수 없고 따라서 자본주의를 넘어설 수 없다고 얘기했습니다. 그런데 볼셰비키는 민주주의를 포기하기로 결정합니다. 독재를 통해서 사회적 부를 늘리기로 결정했습니다. 민주적인 선거를 통해 구성된 의회는 해산되었고 소수인 볼셰비키가 다수인 나머지 국민들을 이끌어 가기로 결정한 것입니다. 볼셰비키의 소련 사회를 공산 독재 사회라고 부르는 까닭은 바로 이 때문입니다. 그것은 다수의 의지를 억압해야만 가능한 일이었습니다. 하지만 이처럼 다수의 의지를 억압하는 것은 바로 마르크스가 무너뜨리려고 했던 사회였습니다. 소련의 공산 독재 사회는 마르크스가 혁명의 해답으로 제시한 사회가 전혀 아니며 오히려 그 반대였던 것입니다. 프랑켄슈타인이 만든 것이 진짜 인간이 아니었듯이 볼셰비키가 만들어

앙앙, 나 곧바로 자본주의 넘을랭~
봉건 사회
자본 주의
뭔 소리여? 자봉주의?
재봉틀주의?
재 다리 찢어지겠어!
하하하, 이렇게 하면 되는구낭~
혁명
독재
봉건 사회
자본주의

낸 것도 진짜 마르크스가 아니었습니다.

그러면 독재를 통해서 사회적 부를 늘리려던 볼셰비키의 의도는 달성될 수 있었을까요? 혁명 초기에 볼셰비키는 마르크스가 혁명의 해답으로 얘기했던 사회화를 경제 부문에 곧바로 도입합니다. 모든 산업 시설과 농장을 강제로 국유화해 버린 것입니다. 그러자 사회적 부는 늘어나기는커녕 오히려 줄어들어 버렸습니다. 혁명 전에 비해 경제는 더욱 어려워졌습니다. 볼셰비키는 어쩔 수 없이 사회화를 포기하고 자본주의적 방식으로 도로 돌아갑니다. 그랬더니 경제가 다시 회복되었습니다. 경제가 회복되자 볼셰비키는 갈림길에 섰습니다. 자본주의를 그대로 더욱 성숙시킬 것인지 아니면 다시 사회화를 추진할 것인지를 두고 의견이 갈린 것입니다. 볼셰비키는 다시 사회화를 추진하기로 결정합니다.

그러나 자본주의가 성숙하지 않은 상태에서 사회화를 추진했더니 그것은 마치 어린아이에게 어른의 옷을 입힌 것처럼 잘 맞지 않았습니다. 사회적 부는 그다지 늘어나지 않았습니다. 사람들은 과거 봉건 사회 시절보다는 풍요롭게 살게 되었지만 서방의 자본주의에 비해서는 턱없이 가난하게 살았습니다. 볼셰비키는 소련 국민들이 이런 사실을 알면 곤란하다고 생각했습니다. 앞서 중국 여자 탁구 선수의 예에서 보듯이 자본주의가 더 좋은 체제라고 사람들이 생각할 테니까요. 그래서 볼셰비키는 소련 국민들이 외국에 나가지 못하도록 엄격히 통제하였습니다. 이 때문에 소련은 당시 '철의 장막'을 친 사회라고 조롱을 받았답니다. 이것도 결국은 소련 사람들의 의지를 억눌러야만 가능한 일이었습니다. 그리고 그것이야말로 마르크스가 무너뜨려야 한다고 생각했던 사회입니다.

자본주의 사회와 소련의 경제적 격차는 갈수록 벌어졌습니다. 자본주의는 20세기에 들어 더욱 성숙해져 갔으니까요. 아무리 장막을 쳐도 사람들은 결국 이 사실을 조금씩 알게 되었습니다. 올림픽 경기처럼 어쩔 수 없이 이루어진 자본주의 국가와의 교류 때문에, 그리고 갈수록 확대되는 무역을 통해 소련의 경제적 상태가 자본주의에 비해 훨씬 낮다는 것을 더 이상 숨기기 어려워졌습니다. 과거 혁명 직후에 자본주의로 돌아감으로써 경제가 회복되었던 경험을 떠올리면서 자본주의로 돌아가자는 의견이 점차 늘어났습니다. 1991년 소련은 다시 민주적인 선거를 도입하고 이 선거에서 자본주의로 돌아가기로 결정합니다. 나라 이름도 원래의 러시아로 되돌렸습니다. 우리가 지금 알고 있는 바로 그 러시아입니다.

자본주의를 넘어서려면
민주주의를 확대해야 한다.

이렇게 해서 볼셰비키의 실험은 실패로 끝났습니다. 프랑켄슈타인의 실험과 마찬가지였지요. 그들은 자신이 만들어 낸 괴물에 의해 죽임을 당하고 말았습니다. 그것이 가짜였기 때문입니다. 그들의 실험은 마르크스가 제시한 혁명의 해답을 따르는 것이 아니라 오히려 그것을 어기는 것이었고 결과는 역시 마르크스의 해답이 옳았다는 것을 증명해 주었습니다. 자본주의가 충분히 성숙하기 전에는 자본주의를 무너뜨릴 수 없고, 자본주의를 넘어서기 위해서는 민주주의를 확대하는 방식으로만 가능하다는 것이지요. 그런데 이것이 바로 공황에 대한 마르크스의 해법이기도 합니다. 실패한 마르크스는 돌아온 마르크스와 이 점에서 명확하게 구분됩니다. 실패한 마르크스는 '진짜' 마르크스가 아닌 것입니다. 그것은 마르크스를 변형시킨 '가짜' 마르크스였고 바로 그렇기 때문에, 즉 마르크스의 해답을 따르지 않았기 때문에 실패한 것입니다.

지금 공황의 해법으로 주목받는 마르크스가 바로 '진짜' 마르크스입니다. 그래서 돌아온 마르크스를 소련과 관련지으려는 시도들은 모두 다시 실패의 길로 접어드는 것일 뿐입니다. 돌아온 마르크스는 소련과는 반대로 민주주의를 확대하는 방식으로 사회적 부를 늘리는 방향이라는 점을 주의할 필요가 있습니다. 우리가 지금 되살려야 하는 마르크스는 바로 그것입니다. 이런 점에서 보면 미국식 자본주의에 대항하고 있는 남미의 쿠바나 베네수엘라 같은 나라들에 대해서도 분명하게 이해할 수 있습니다.

이들 나라는 미국 자본주의의 지배에 오랫동안 시달려 오다가 어렵게 독립을 쟁취한 나라들입니다. 그래서 이들 나라는 미국 자본주의의 억압으로부터 해방된 요소들을 상당히 많이 갖추고 있습니다. 교육과 의료의 사회화, 빈민의 사회적 구제, 산업 시설의 국유화 등이 바로 그것들입니다. 그러나 이들 나라는 원래 봉건적 상태에서 곧바로 미국 자본주의의 지배를 받았던 나라들입니다. 그래서 자본주의가 아직 제대로 성숙한 적이 없습니다. 당연히 자본주의에 비해 사회적 부가 아직 많이 못 미치는 나라들입니다. 부분적으로 자본주의를 극복한 요소들을 가지고 있긴 하지만 그것은 자본주의가 충분히 성숙한 조건에서 이루어진 것이 아닙니다. 즉 이들 나라는 미국 자본주의의 억압으로부터 해방된 나라의 모델이 될 수는 있지만 자본주의가 충분히 성숙한 다음 넘어가야 할 사회의 모델은 아니라는 것입니다. 이들 나라에 비해 자본주의가 훨씬 더 성숙한 우리나라 같은 사회가 지향할 모델은 아닙니다. 하물며 이들 나라보다 사회적 부가 훨씬 더 못 미치는 북한의 경우는 더 이상 말할 필요도 없겠지요.

10장

마르크스의 해답, 과연 실현될까?

쉬운 길은 없다

빨간 조끼를 입고 사람의 말을 할 줄 아는 신기한 토끼를 쫓아 숲으로 들어간 앨리스는 잠깐 사이에 토끼를 놓쳐 버렸습니다. 토끼가 사라진 자리에서 어떻게 해야 할지를 몰라 앨리스는 잠시 망연한 채로 서 있었습니다. 그때 나무 위에 고양이가 한 마리 앉아 있는 것을 발견합니다. 앨리스가 이렇게 물었습니다.

"방금 여기로 뛰어온 토끼 한 마리 못 봤니?"

그러자 고양이가 이렇게 되묻습니다.

"그건 왜 묻는데?"

앨리스는 이렇게 대답합니다.

"어디로 가야 할지를 몰라서야."

고양이는 이렇게 말합니다.

"네가 가고 싶은 곳이 네가 가야 할 곳이란다!"

영국의 동화 『이상한 나라의 앨리스』에 나오는 이야기입니다. 자신의 자유로운 의지가 해답이라는 것을 이 동화는 말해 주고 있습니다. 마르크스가 자본주의에 의해 의지를 억압당하는 노동자들에게 알려 준 해답이 바로 이것입니다. 비록 완전한 형태는 아니지만 마르크스는 이 해답을 이미 150년 전에 『자본』이라는 책 속에 담아 노동자들에게 전해 주었습니다. 그런데 마르크스가 얘기했던 자본주의를 넘어선 사회, 즉 그의 표현을 빌린다면 '자유의 나라'가 실현된 곳은 아직 지구상의 어디에도 존재하지 않습니다. 앞서 저는 마르크스의 해답에 대한 내용을 소개하면서 독일이나 핀란드 같은 나라들을 사례로 들었지만 사실 이들 나라도 아직은 인간의 의지가 완전히 해방된 곳은 아닙니다. 단지 거기에 조금 가까워진 나라들일 뿐이지요.

해답이 주어진 지 150년이나 되었음에도 불구하고 아직 완전히 실현된 곳이 없다는 사실은 이 해답이 실천하기에 매우 어렵다는 것을 암시해 줍니다. 그렇다면 이보다 조금

야옹아, 토끼 못 봤니?
그건 왜?
어디로 가야 할지 몰라서.
네가 가고 싶은 곳으로 가.
의지가 강하군.
야옹아, 미안…
이놈의 토끼, 잡히기만 해 봐. 내 휴지를 갖고 도망을 가?
고양이 털이라도 달래야지.

쉬운 다른 해답은 없는 것일까요? 사회주의가 근대 사회에서 인간의 의지를 억압하는 것이 자본주의라는 사실을 밝힌 이후 이 제도로부터 인간의 의지를 해방시키려는 많은 해답들이 제시되었습니다. 그러나 이들 해답 가운데 오늘날 효과가 있는 것으로 증명된 것은 하나도 없습니다. 아무리 어려워도 오로지 마르크스의 해답만이 가장 효과가 있다는 것으로 남아 있을 뿐입니다. 그래서 우리에게는 사실 선택의 여지가 별로 없습니다. 험한 고개를 넘어가야 하는데 돌아갈 수 있는 다른 길이 없고 어려운 길 하나만 있다면 이 어려움의 원인을 찾아내어 그것을 극복할 방법을 찾아내는 것 외에 우리가 달리 할 수 있는 일이 어디에 있겠습니까?

빼앗긴 의지는 스스로의 힘으로 되찾아야

스파르타쿠스는 마르크스가 역사적 인물 가운데 가장 존경한다고 밝혔던 사람입니다. 스파르타쿠스는 고대 로마 시대의 검투사 노예였는데 동료 노예들을 규합하여 반란을 일으켰던 사람입니다. 한때는 로마를 함락시킬 것 같은 기세를 보이기도 했지만 결국 실패하고 맙니다. 마르크스가 스파르타쿠스를 존경한다고 밝힌 이유는 이 사람이 의지를 억압당한 노예 신분에서 스스로 자신의 의지를 되찾기 위해 목숨을 걸고 싸웠기 때문입니다. 여기에서 가장 중요한 점은 스파르타쿠스가 자신의 의지를 억압하는 노예의 사슬을 타인의 힘을 빌리지 않고 자신의 힘으로 직접 깨부수려 했다는 점에 있습니다. 억압된 인간의 의지는 그 사람 자신의 의지에 의해서만 되찾을 수 있기 때문입니다. 마르크스 해답의 어려움은 바로 이 점에 있습니다.

자본주의로부터 자신의 의지를 되찾으려는 노동자를 도와줄 사람은 아무도 없습니다. 그것은 오로지 노동자 자신만이 할 수 있는 일입니다. 게다가 그것만이 아닙니다. 마르크스의 해답에는 또 하나의 중요한 조건이 달려 있습니다. 이들 노동자의 의지가 제대로 발휘되기 위해서는 그것을 지배하는 자연법칙을 따라야만 합니다. 자본주의가 충분히 성숙해야만 하고 노동자들의 의지가 그 성숙의 방향과 일치하는 방향으로 발휘되어야 합니다. 그것은 바로 사회적 부를 더욱 늘리는 방향을 의미합니다. 북유럽 나라들이 해답에 가까워졌을 뿐 아직도 완전한 해답에 도달하지 못한 까닭은 이들 나라에서도 자본주의가 아직도 충분히 성숙하지 않았기 때문이지요.

결국 마르크스의 해답이 실현되기 어려운 까닭은 노동자 자신의 의지와 자연법칙이라는 두 가지 요인 때문입니다. 현재 그나마 지구상에서 마르크스의 해답에 가장 가까이 가 있는 북유럽 나라들을 보면 이들 두 가지 어려움을 극복하기 위해서 우리가 무엇을 해야 하는지를 알 수 있습니다.

먼저 노동자 자신의 의지입니다. 앞서 예로 든 한진중공업이나 쌍용자동차 사태처럼 노동 문제를 둘러싼 각종 분쟁을 조금 달리 살펴보면 노동자의 의지와 관련하여 중요한 사실을 한 가지 깨달을 수 있습니다. 대개 이런 사태들에서 노동자들은 크레인이나 철탑에 올라가거나 국회나 시청 앞 광장에서 농성을 하면서 자신들의 억울한 처지를 하소연합니다. 그런데 여기에서 노동자들이 찾는 해법은 모두 외부를 향한 것입니다. 외부의 누군가가 자신들을 도와서 자신들의 문제를 해결해 주기를 바라는 것이지요. 자신들이 약자이며 자신들이 스스로 할 수 있는 일은 없다고 생각하기 때문입니다.

물론 얼핏 보면 노동자들은 힘이 없기 때문에 해고를 당하고 억울한 대우를 받은 것이 틀림없습니다. 그러나 그것이 사실의 전부는 아닙니다. 로마 시대 가장 약자였던 노예 신분의 스파르타쿠스는 자신의 족쇄를 스스로의 힘으로 끊어 버

렸습니다. 다른 사람이 끊어 준 족쇄는 언제든지 다른 사람이 다시 채울 수 있습니다. 그래서 다른 사람의 힘을 빌리는 것은 진정으로 의지가 해방되는 길이 아닌 것이지요. 우리 노동자들은 정말 스스로는 아무것도 할 수 없을 만큼 약할까요? 그 참된 모습을 한번 살펴보기로 합시다.

우리나라 노동자들이 가입해 있는 민주노총은 조합원 수가 70만 명(2014년 기준)에 육박합니다. 이들 조합원의 평균 임금은 2013년을 기준으로 한 달에 약 370만 원이었습니다.('2013년 민주노총 임금 요구' 자료집) 사회 보장 제도가 충분히 갖추어지지 않은 우리나라에서는 누구나 개인적으로 비상사태에 대비하여 수입이 있을 때 약간씩 저축을 합니다. 임금의 10%를 저축한다고 가정하면 민주노총 조합원들은 한 달에 37만 원씩을 저축한다고 볼 수 있습니다. 그런데 이들은 모두 각자 개별적으로 저축하고 있을 것입니다. 만일 이 저축을 한곳에 모으면 어떻게 될까요? 실제로 금융 시장에서는 소액 예금자들의 돈을 모아서 큰 펀드를 조성하여 이를 수익성 높은 곳에 투자하고 있습니다. 말하자면 민주노총 조합원만의 펀드를 조성하는 것이지요. 그 금액을 환산해 보면 한 달에 37만 원×70만 명=2,590억 원에 달하고 이를 일 년치로 계산해 보면 무려 2,590억 원×12개월=3조 1천억 원에 달합니다.

문제가 되었던 한진중공업의 자본금은 2,400억 원 정도이고, 쌍용자동차가 인도의 자동차 회사에 매각된 대금도 5,000억 원을 조금 넘는 금액입니다. 민주노총의 조합원들이 각자 개별적으로 하고 있는 저축을 한곳에 모으기만 하면 이들 두 회사의 경영권을 민주노총은 단번에 장악할 힘을 가지고 있습니다. 사정이 이런 데도 노동자들이 마냥 약자라고만 단정할 수 있을까요? 안타깝게도 민주노총은 이런 방향으로 노동자들의 의지를 행사할 생각을 하지 않았습니다. 한진중공업 사태는 희망 버스가 오고 국회에서 청문회가 열리는 등 외부의 도움을 받아 일시적으로 노동자들의 하소연이 받아들여지긴 했지만, 곧바로 회사가 손해 배상 소송을 제기해 재산을 압류당한 노동조합 간부가 목숨을 끊었고 노동조합은 해체되고 말았습니다. 다른 사람이 끊어 준 족쇄는 언제든지 도로 채워진다는 것을 그대로 보여 준 사건이었습니다. 마르크스가 해답으로 제시한 자신의 의지가 얼마나 중요한지 우리는 이 사례를 통해 알 수 있습니다. 지금 우리에게 마르크스가 어떤 의미인지를 일깨워 주는 사건입니다.

정상을 향해 꾸준히 걷자

다음으로 자연법칙입니다. 북유럽 국가들은 지금 지구상에서 가장 잘사는 나라들에 속합니다. 우리에 비하면 두 배 이상 사회적 부가 많은 나라들이지요. 자본주의가 우리보다 훨씬 더 성숙한 나라들입니다. 마르크스의 『자본』이 나올 무렵 독일 노동자들은 사회 민주당이라는 노동자 조직을 결성했습니다. 이 정당은 지금도 여전히 건재합니다. 이 정당은 처음부터 마르크스의 해답을 실천하기 위해서 만들어진 조직이고 무려 150년 동안이나 해답을 실천해 왔습니다. 그런데도 불구하고 독일은 아직 완전한 해답에 도달하지 못했습니다. 자본주의가 우리보다 훨씬 더 성숙했는데도 말입니다. 더구나 앞으로도 얼마나 더 시간이 걸릴지 아무도 모릅니다.

그래서 완전한 해답에 이르는 것에 대해 조바심을 내서는 안 됩니다. 등산을 할 때 흔히 있는 일인데요, 숨이 턱에 차서 더 이상 오르기 힘이 들 때 산 위에서 내려오는 사람에게 우리는 묻습니다.

"정상까지 얼마나 남았습니까?"

그러면 대개 이런 대답을 듣지요.

"거의 다 왔습니다. 조금만 더 가시면 됩니다."

그러나 이 말을 듣고 한참을 올라가도 정상은 나오지 않습니다. 속았다는 생각에 골이 잔뜩 나서 다시 산을 내려오는 사람에게 묻습니다. 어떤 대답을 듣게 될까요? 똑같은 대답을 듣게 될 것입니다.

무슨 일이든 조바심을 내면 더 힘든 법입니다. 우리가 조바심을 내지 않아도 조금씩 올라가면 분명히 정상에 도달합니다. 정상이 어딘가로 달아나 버리는 것은 아니니까요. 마무슨 일이든 조바심을 내면 더 힘들다.

르크스의 해답도 마찬가지입니다. 조바심을 내다가 포기해 버리면 결국 정상에는 닿을 수 없습니다. 그래서 끝까지 꾸준하게 정상을 향해 올라가는 태도가 필요합니다. 마르크스도 이미 이런 조바심을 예상하고 걱정하였습니다.

"… 언제나 결론에 대해서 조바심을 내고 일반적인 원리와 자신이 직접적으로 부딪치는 문제들 사이의 관련을 빨리 알아내고자 하는 성향을 지닌 프랑스 대중은 이 책의 앞부분만 읽고는 더 이상 읽기를 중단해 버리는 사태가 발생하지 않을까 우려가 들기도 합니다."

이 글은 『자본』 제1권의 프랑스 어 판 서문 가운데 한 구절인데, 『자본』의 해답이 곧바로 드러나 있지 않고 인내심을 가지고 그것을 파헤쳐 찾아내야 하는 것임을 얘기한 부분입니다. 사실 완전한 해답의 실현에 조바심을 내서는 안 되는 까닭은 마르크스 해답의 내용 때문입니다. 그의 해답은 '나'가 아니라

'우리'에게 초점이 맞추어져 있습니다. 그는 인간의 의지를 억압하는 것이 개인이 아니라 이들 개인이 모여 있는 공동체의 제도라는 점에서 출발하였습니다. 바로 자본주의라는 제도입니다. 그는 이 제도가 개인들 사이의 '다른' 점을 부각시켜 서로 경쟁하고 대립하면서 상대방의 의지를 억누르게 만든다고 보았고, 이 제도를 개인들이 서로 '같은' 점을 찾아내어 함께 손을 잡고 상대방의 의지를 존중하는 제도로 바꾸려고 했습니다.

살아 있는 마르크스

공동체의 제도는 개인이 바꿀 수 없습니다. 왜냐하면 개인의 수명은 한계가 있기 때문입니다. 사람은 누구나 일시적으로만 존재하고 반드시 죽습니다. 그러나 개인이 죽고 나서도 그가 속해 있던 공동체는 그대로 남습니다. 우리의 수명은 100년을 넘기기 어렵지만 한민족 공동체는 이미 5,000년을 넘어 지속되고 있습니다. 이처럼 공동체는 개인의 수명을 훨씬 넘어 오래 지속되기 때문에 공동체의 제도는 개인이 바꿀 수 있는 것이 아닙니다. 공동체의 제도를 바꾸는 해답에 조바심을 내서는 안 되는 까닭이 여

공동체의 제도는 개인이 바꿀 수 없다.

기에 있습니다. 공동체의 제도를 바꾸는 일은 공동체와 마찬가지로 오래 지속될 수 있는 조직만이 할 수 있습니다. 150년의 역사를 가진 독일의 사회 민주당 같은 조직이 바로 그런 것입니다.

우리의 의지를 자연법칙에 따라 실현하기 위해서는 이처럼 개인을 뛰어넘어 오래 지속되는 조직이 필요합니다. 마르크스의 해답에 가까이 다가선 북유럽의 나라들을 보면 하나같이 사회 민주당이라는 강력한 정당이 존재하는 것을 볼 수 있습니다. 이들 정당은 대부분 마르크스가 『자본』을 출판했던 19세기에 독일의 사회 민주당을 모범으로 삼아 만들어졌고 100년이 넘는 역사를 가지고 있습니다. 자본주의 선진국 가운데에는 마르크스의 해답과 거리가 먼 나라들도 있는데 이들 나라에는 하나같이 이런 노동자 정당이 존재하지 않습니다. 미국과 일본이 대표적인데 이들 나라는 우리가 알다시피 인종 차별이 매우 심한 나라들입니다. 개인들 사이의 '다른' 점만이 극단적으로 부각된 나라들이지요.

우리 사회를 돌아보면 우리가 마르크스의 해답에서 배워야 할 점이 금방 드러납니다. 우리 사회에는 자본주의에 의해 의지를 억압당하는 노동자들이 만든 정당이 아직 없습니다. 노동조합이 있기는 하지만 이들 노동조합은 정규직과 비정규직이 각기 다른 조직을 이루고 있습니다. 아직 개인들 사이의 '다른' 점이 지배하고 있지요. 이런 조직은 당연히 마르크스의 해답을 실천할 장기적인 전망을 가지고 있지 않습니다. 우리 사회는 의지를 억압당하는 노동자들이 자신의 의지도 올바로 행사하지 못하고 있고, 자연법칙을 따라 오랜 기간에 걸쳐 의지를 해방시킬 조직도 만들어져 있지 않습니다. 해답을 실현할 준비가 하나도 되어 있지 않은 것이지요.

세월호의 비극과 김예슬 씨의 절망적인 선언이 우연히 우리 사회에 나타난 것이 아닙니다. 더구나 우리는 이들 비극과 절망이 과거에도 이미 숱하게 반복되었던 것임을 알고 있습니다. 세월호의 비극은 서해 페리호 사건을 그대로 닮아 있고 김예슬 씨의 절망은 카이스트 학생들의 자살을 닮아 있습니다. 이처럼 동일한 사건이 반복되는 까닭은 이들 사건을 수습하면서 그 원인을 개인에게만 돌렸을 뿐 공동체의 제도를 바꿀 생각을 하지 못했기 때문입니다. 그것은 마르크스의 해답이 우리 사회에 전혀 미치지 못하고 있다는 것을 말해 줍니다. 그래서 마르크스는 우리에게 현재 진행형입니다. 그가 지난 세기에 보았던 의지를 억압하는 제도가 여전히 힘을 떨치고 있고, 그것이 만들어 내는 비극과 절망이 여전히 반복되고 있으며, 그가 제시한 해답은 우리에게 그대로 유효하기 때문입니다. 그 해답의 실현은 전적으로 우리들 자신의 손에 달려 있습니다. 마르크스는 자신의 해답에 대하여 이런 경구를 우리에게 남겨 주었습니다.

"이론이 사람들에게서 어느 정도 실현될 것인지는 바로 이 사람들이 얼마나 그것을 필요로 하는지에 달려 있다."

마르크스, 뭐가 더 궁금한가요?

마르크스는 좋은 남편이었나요? 마르크스는 딸들과 어떤 놀이를 했나요? 마르크스는 엥겔스랑 안 싸웠나요? 마르크스의 제자는 누군가요? 마르크스는 사람들과 사이가 좋았나요? 아직도 더 알고 싶은 게 많다고요? 『자본』을 쓴 경제학자 마르크스의 삶과 사랑 이야기 속으로 들어가 볼까요?

1

마르크스 엥겔스의 전집이 아직 완성되지 않았다고요?

메가 작업을 하고 있는 독일 베를린 브란덴부르크 아카데미

메가

그렇습니다. 마르크스와 엥겔스의 원고는 엥겔스가 세상을 떠난 후 세계 곳곳으로 뿔뿔이 흩어졌습니다. 원고가 유실될 것을 우려한 러시아의 리야자노프가 이들 원고의 소재를 모두 파악하여 하나도 빠짐없이 인쇄해 두어야겠다는 생각을 했고 그것이 전집 출판의 계기가 되었습니다. 이 전집을 메가(MEGA, Marx Engels Gesamtausgabe의 약칭입니다.)라고 부르는데 1927년에 시작되어 지금까지 계속되고 있답니다. 모두 114권을 발간할 계획이고 2013년 말 현재 61권이 발간된 상태랍니다.

메가의 의미는 매우 큽니다. 마르크스와 엥겔스가 세상을 떠난 후 출판된 두 사람의 책은 원고의 소재가 불분명한 상태에서 이들 책이 원본에 맞게 출판된 것인지를 아무도 확인할 수 없었습니다. 메가는 전문가 집단이 전 세계에 흩어져 있는 원고를 모두 검증한 다음 진짜로 확인된 원고만을 단 한 자도 변경하지 않고 복원하는 방식으로 발간되었습니다. 그래서 메가는 마르크스와 엥겔스의 유일한 정본으로 인정받고 있습니다.

우리나라에는 아직 이 정본이 한 권도 소개된 적이 없습니다. 메가를 번역하려면 '국제 마르크스 엥겔스 재단'과 지적 소유권 계약을 체결해야 하는데 제(강신준)가 2012년 처음으로 계약을 체결하여 현재 작업을 진행하고 있습니다.

메가 외에 많이 알려진 마르크스 엥겔스 전집으로 MEW(Marx Engels Werke의 약칭입니다.)가 있는데 이것은 스탈린이 자신의 정치적 목적을 위해 만든 것이어서 마르크스와 엥겔스의 원고 중에 자신의 입맛에 맞는 것들만 골라 수록하였고, 원고의 내용도 왜곡했다는 의심을 받고 있어서 정본으로 인정받지 못하고 있답니다.

2

마르크스의 유적지로는 어떤 것이 남아 있나요?

알렉산더 광장의 마르크스(왼쪽)와 엥겔스(오른쪽) 동상

베를린에 가면 세 곳에 마르크스 기념물이 있습니다. 첫 번째는 그가 공부를 했던 베를린대학(정식 명칭은 훔볼트대학입니다.)의 본관인데 이 본관의 정면 벽면에는 '포이에르바흐 테제'라고 부르는 그의 유명한 글귀가 금박으로 새겨져 있습니다. 두 번째는 이 대학 본관에서 멀지 않은 곳에 있는 알렉산더 광장에 세워진 동상입니다. 마지막은 그가 건강 때문에 요양을 겸한 하숙을 했던 것으로 알려진 베를린 남쪽의 한적한 마을 슈트랄라우에 그를 기념하는 부조상이 있습니다.

독일의 트리어에 가면 중심가에 그가 태어난 집이 잘 보존되어 있습니다. 독일 사회 민주당은 1928년에 이 집을 사들여 마르크스를 기념하는 박물관으로 만든 다음 지금까지 꾸준히 관리해 오고 있습니다. 집의 내부는 마르크스가 어릴 적 살던 당시의 모습 그대로 복원해 두었습니다.

트리어의 마르크스 생가

마지막으로는 런던 하이게이트에 있는 그의 묘지입니다. 하도 찾는 사람이 많은 덕분인지 그의 묘지는 주변에 비해 훨씬 크게 단장되어 있습니다. 그 밖에도 소련을 비롯한 구 사회주의권의 여러 도시들에는 마르크스를 기념하는 동상이나 기념물들이 있습니다만 대부분이 마르크스와 직접적인 관련은 없는 것들입니다. 런던에서 마르크스가 살았던 집은 오늘날 따로 보존된 곳이 없습니다.

런던 하이게이트의 마르크스 묘지

3

마르크스와 엥겔스의 우정은 한 번도 어그러진 적이 없나요?

사람 사이의 일이니 어떻게 완벽할 수 있겠어요? 그러나 대개는 엥겔스 쪽에서 이해를 하고 넘어갔기 때문에 표면적으로 두 사람 사이가 서먹해진 적은 거의 없었습니다. 단 한 번 엥겔스가 서운한 마음을 노골적으로 표현한 적이 있었는데 그것은 그의 연인이 세상을 떠났을 때 벌어졌습니다. 엥겔스는 평생 결혼을 하지 않았고 단지 사랑하는 여자와 동거만 했습니다. 1842년 엥겔스는 메리 번스라는 아일랜드 출신의 노동자와 사랑에 빠져 1850년대부터 동거를 시작했습니다. 그런데 1863년 1월 그녀가 갑자기 세상을 떠났습니다.

엥겔스는 비탄에 잠겨 마르크스에게 메리의 죽음을 알렸습니다. 그런데 엥겔스의 슬픈 소식을 접한 다음 마르크스가 보낸 답장은 전혀 친구의 슬픔에 공감하는 것이 아니었습니다. 마르크스는 답장에서 친구의 슬픔에 대해 간단히 언급한 다음 곧바로 자신을 덮친 가난을 길게 한탄하면서 돈이 필요하다는 얘기를 덧붙였던 것입니다. 아무리 가난이 급박했다 하더라도 좀 너무한 일이었지요? 엥겔스는 친구의 무례한 행동에 어찌할지를 한참 생각한 다음 닷새 뒤에 쌀쌀맞은 답장을 보냅니다.

마르크스는 그제야 자신이 얼마나 잘못했는지를 깨닫고 부랴부랴 엥겔스에게 진지한 사과의 편지를 보냈습니다. 엥겔스는 친구의 진정 어린 사과에 마음을 풀었고 다시는 이 일을 거론하지 않았습니다. 그뿐 아니라 친구의 가난을 해결하기 위해 아버지 회사의 회계 장부에서 결재가 되지 않은 100파운드짜리 수표를 훔쳐 내어 마르크스의 곤경을 해결해 주기까지 하였답니다.

4

마르크스가 딸들과 했다는 '고백' 놀이란 어떤 것인가요?

마르크스가 살던 당시 영국의 처녀들 사이에서 유행하던 일종의 문답형 놀이 같은 것입니다. 가까운 사람에게 질문지를 던져서 즉석에서 답을 얻어 내는 방식인데, 놀이이기 때문에 유머를 섞은 답을 하는 경우가 많았다고 합니다. 1860년경 마르크스의 둘째 딸 라우라가 아버지에게 질문지를 던져서 답을 받아 낸 것으로 마르크스의 평소 생각의 일단을 보여 주고 있습니다. 모두 소개하기에는 좀 길기 때문에 몇 가지 항목만 보도록 하지요.

당신이 가장 중요하게 평가하는 인간의 속성은?

– 인간의 일반적 속성으로는 소박함, 남자의 속성은 힘,
여자의 속성은 연약함

당신에게 행복이란?

– 투쟁하는 것

당신에게 불행이란?

– 복종하는 것

당신의 취미는?

– 헌책방 뒤지기

당신이 좋아하는 시인은?

– 셰익스피어, 괴테

당신이 좋아하는 금언은?

– 모든 것을 의심하라!

당신이 좋아하는 격언은?

– 인간에 관한 것이라면 모두 나와 관계가 있다.
(테렌티우스—고대 로마의 학자)

5

마르크스는 운동가와 학자 가운데 어디에 더 가까운 사람인가요?

마르크스는 평생 사회의 변혁을 꿈꾸던 사람이라서 상당히 활동적인 사람으로 알려져 있습니다. 하지만 운동가적인 기질을 많이 가지고 있지는 않았습니다. 운동가가 되려면 많은 사람들과 어울릴 수 있어야 하고 그러기 위해서는 다소 의견 차이가 있는 사람도 포용할 줄 알아야 하지만 마르크스는 전혀 그렇지 못했습니다. 그는 성질이 급한 편이어서 자신과 의견 차이가 나는 사람들을 가차 없이 비판하였고 그 때문에 당시의 운동가들과 처음에는 동지로 만났다가 나중에는 서로 원수처럼 되어 버린 경우가 한두 번이 아니었습니다. 프랑스의 사회주의자 프루동, 러시아의 혁명가 바쿠닌, 독일의 노동 운동가 라살 등이 대표적인 사례에 해당한답니다.

이런 일은 모두 현실과 타협하지 못하고 논리적으로 옳은 면에만 충실하려 했던 그의 태도 때문이었습니다. 그렇기 때문에 그는 실천가이기보다는 이론가에 더 가까웠던 사람으로 보아야 할 것 같습니다. 그의 기질이 학자에 가까웠다는 것을 잘 보여 주는 것이 바로『알려지지 않은 걸작』의 암시입니다. 그는 자신이 쓴 글을 끊임없이 고치는 습관이 있었고 이 때문에 원고 약속을 지킨 적이 거의 없을 정도로 악명이 높았습니다.『자본』의 초안이 여러 개인 데 반해 막상 출판된 것은 하나뿐이었던 것도 모두 이 때문이었습니다. 이것은 물론 그가 이론적인 엄격성을 지키려고 했던 것을 보여 주는 증거들이지요.

6

마르크스의 아내는 어떤 사람이었나요?

예니와 마르크스

마르크스의 아내 예니는 프로이센의 남작 작위를 가지고 있던 귀족 집안 출신이었던 데 반해 마르크스는 평민이었고, 비록 개종하긴 했지만 유럽의 주류 사회에서 배척당하던 유대 인이었습니다. 신분의 차이가 매우 컸던 것이지요. 이 때문에 예니의 오빠는 그녀가 마르크스와 결혼하는 것에 극력 반대하였습니다.

예니는 지적으로 성숙하고 깊은 교양을 갖춘 데다 외모도 뛰어나게 아름다워서 트리어 사교계에서 이미 높은 평판을 얻고 있었습니다. 당연히 그녀에게는 좋은 조건의 많은 청혼이 있었지만 예니는 파리로 망명길에 오르는 마르크스의 청혼을 주저 없이 받아들였습니다. 예니가 마르크스에게 마음을 빼앗긴 원인이 어디에 있었는지는 연인들 사이의 내밀한 문제이기 때문에 정확히 알 수는 없습니다. 단지 마르크스가 지적으로 예니와 매우 깊은 교류를 나누었고 특히 문학적인 소양으로 많은 시를 써서 그녀의 마음을 흔들었다는 것은 분명해 보입니다.

마르크스가 방대한 저작 활동을 하는 내내 예니가 그의 저작을 직접 읽고 조언을 아끼지 않았던 것은 물론, 악필로 유명한 그의 글을 대필하는 수고를 담당했던 것은 잘 알려져 있습니다. 게다가 마르크스는 저작뿐 아니라 외부와의 활동에 대해서도 시시콜콜 예니와 상의했습니다. 그녀는 마르크스의 지적 동료이자 충실한 비서 역할도 함께 수행했던 것이지요. 마르크스의 집을 방문했던 유럽의 많은 노동 운동가들은 예니의 품위와 교양이 어우러진 접대에 크게 감동을 받았다고 합니다. 사람들을 넓게 사귀지 못한 마르크스는 가장 필요한 두 사람(아내와 친구)에 대해서는 복을 타고난 것 같지요?

7 마르크스의 사상을 계승한 유명한 학자는 누구인가요?

마르크스는 학자이긴 했으나 교수직을 얻지 못했기 때문에 정식으로 제자라고 할 만한 학자를 길러 내지는 않았습니다. 오히려 그의 주변은 항상 노동 운동가들이 그의 가르침을 받고자 둘러싸고 있었습니다. 마르크스가 세상을 떠난 다음 마르크스의 사상을 대신 전달할 수 있는 사람은 엥겔스뿐이었습니다. 엥겔스마저 세상을 떠나자 그 역할을 대신한 사람은 엥겔스의 비서를 지내던 카우츠키였습니다. 엥겔스 사후 카우츠키는 유럽에서 최고의 마르크스주의 이론가였습니다.

러시아 혁명이 일어나자 마르크스 이론의 주도권은 소련으로 넘어갔고, 그 대표자는 레닌이었지만 소련은 결국 마르크스의 이론을 실현하는 데 실패하였습니다. 따라서 레닌을 비롯한 소련의 학자들 가운데 마르크스를 계승한 학자로 손꼽을 수 있는 사람은 오늘날 남아 있지 않습니다. 한편 소련과 적대 관계에 있던 서방에서는 마르크스 이론이 순수한 학술적 주제로만 연구되었을 뿐 현실의 정책과는 직접 결합하지 못했습니다. 마르크스를 공부해서 성공하기는 어려웠지요.

이처럼 어려운 조건에서도 마르크스 이론을 연구한 학자들이 가장 많이 모여 있던 두 곳을 손꼽을 수 있는데, 독일 프랑크푸르트대학의 '사회 조사

연구소'와 미국의 잡지 「먼슬리 리뷰」입니다. 전자를 대표하는 학자는 하버마스, 후자를 대표하는 학자는 스위지랍니다. 이밖에 개인적인 이론가로는 이탈리아의 그람시, 프랑스의 알튀세, 독일의 알트파터 등이 마르크스 사상가로 상당히 알려진 사람들이라고 할 수 있습니다.

카우츠키
하버마스
그람시
스위지
알튀세
알트파터

나무클래식 02

공부의 신 마르크스, 돈을 연구하다

초판 1쇄 발행 2014년 11월 25일

지은이 강신준 | 그린이 김고은 | 펴낸이 이수미 | 기획 · 편집 이해선 | 디자인 달뜸창작실 | 마케팅 김영란 | 출력 국제피알 | 종이 세종페이퍼 | 인쇄 두성피앤엘 | 유통 신영북스

펴낸곳 나무를 심는 사람들
출판신고 2013년 1월 7일 제 2013-000004호 | 주소 서울시 마포구 양화로 156 엘지팰리스 1509호 |
전화 02-3141-2233 팩스 02-3141-2257 | 이메일 nasimsabooks@naver.com
트위터 @nasimsabooks

ISBN 979-11-950305-9-0 44320
979-11-950305-7-6(세트)

이 도서의 국립중앙도서관 출판시도서목록(CIP)은 서지정보유통지원시스템 홈페이지(http://seoji.nl.go.kr)와
국가자료공동목록시스템(http://www.nl.go.kr/kolisnet)에서 이용하실 수 있습니다. (CIP제어번호:CIP2014031504)
책값은 뒤표지에 있습니다. 잘못된 책은 바꾸어 드립니다.